TROUBADOURS.

NOTICES

POUR SERVIR A

L'HISTOIRE LITTÉRAIRE

DES TROUBADOURS.

PAR M. T. B. ÉMÉRIC-DAVID,

MEMBRE DE L'INSTITUT DE FRANCE (ACADÉMIE DES INSCRIPTIONS ET BELLES-LETTRES).

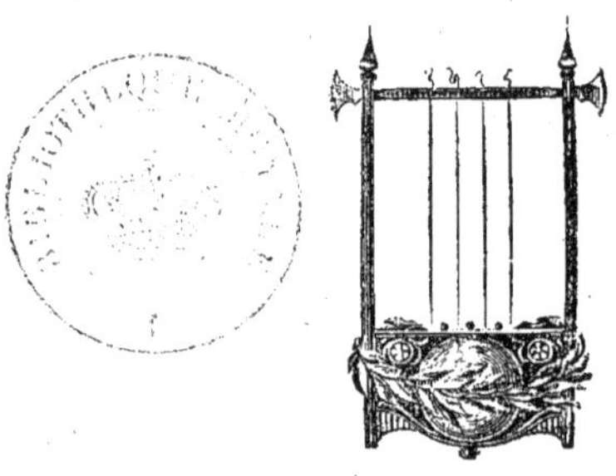

PARIS,

DE L'IMPRIMERIE DE FIRMIN DIDOT FRÈRES,

IMPRIMEURS DE L'INSTITUT, RUE JACOB, N° 24.

1835.

Extrait du tome XVIII de l'Histoire littéraire de la France.

Nota. Il n'a été imprimé que vingt-cinq exemplaires de cet extrait.

TROUBADOURS.

La période que nous allons parcourir dans nos recherches sur l'histoire des troubadours, renferme ceux de ces poètes qui moururent ou qu'on peut supposer être morts de l'an 1226, époque du siége d'Avignon et de la perte prématurée de Louis VIII, à l'an 1255 ou peu de temps après. Ces poètes durent naître par conséquent vers les années 1160 ou 1170. La plupart d'entre eux passèrent vingt années de leur vie dans le trouble et dans le malheur. Depuis l'an 1209 jusqu'à l'an 1229, la guerre des croisés français contre les Albigeois et contre Raimond VI, guerre dévastatrice dont la religion était le prétexte et la spoliation le but, ayant étendu ses ravages depuis Beaucaire jusque dans le comté de Foix et sur les confins de l'Aragon, les exercices des troubadours se trouvèrent presque entièrement interrompus dans les états de l'infortuné Raimond et de ses vassaux.

Au milieu de tant de ravages, quelle eût été en effet la place des jeux d'esprit, des cours d'amour et des ingénieux essais de l'art dramatique? Nous avons vu dans la vie de Gui d'Uissel, que déja un peu avant 1209, un des légats du pape défendit à ce troubadour et à ses frères de composer des chansons: c'étaient sans doute les chansons satiriques contre le pape et le clergé, qui excitaient l'animadversion du légat; mais le mot de chanson embrassait tout. Autant d'ailleurs eût valu défendre à des troubadours la galanterie, que de leur prohiber la satire.

XIII SIÈCLE.

A dater de cette époque, la plupart des poëtes languedociens de naissance, tels que Miraval, Faidit, Hugues Brunet, s'exilèrent de leur patrie, allèrent mourir en Espagne, en Provence, en Palestine, ou terminèrent leurs jours dans des monastères. Il en est de même de ceux dont nous allons maintenant nous occuper. Nous les rencontrerons presque tous dans les cours des seigneurs provençaux, dans l'Italie supérieure, dans l'Auvergne, le Limousin, le Poitou, la Catalogne. Quelquefois on entendit le courageux sirvente d'un poète patriote qui, au milieu de la guerre et à côté même des bûchers, maudissait la ligue et ses chefs, appelait les barons et les peuples aux armées, déplorait la perte d'un seigneur mort pour le maintien de l'indépendance nationale : tels furent les chants de Guillaume Anelier et de Guillaume Figuières de Toulouse. Quelquefois aussi un poète fanatique invoquait les torches des croisés, célébrait les excès du despotisme clérical; mais ces exemples sont rares; nous ne manquerons pas de les signaler. La galanterie était toujours, en général, le sujet le plus ordinaire des chansons.

Parmi les princes qui honorèrent les troubadours à cette époque, il faut compter Alphonse IX, roi de Castille; Azon VI, marquis d'Est; Guillaume de Malaspina; l'empereur Frédéric II qui, au milieu de la vie la plus agitée, sut trouver le loisir de composer quelques vers; mais on ne saurait surtout nommer avec trop d'éloges Raimond Bérenger IV, comte de Provence, et Béatrix de Savoie, sa femme, de qui le moindre mérite, dit Papon, fut d'être une des plus belles princesses de son siècle. « La cour de Provence, « continue cet historien, était devenue une des meilleures « écoles du bon goût. Le comte, qui semblait ne retenir de « son rang que ce qu'il en fallait pour donner du prix à « l'accueil qu'il faisait aux personnes de sa cour, était un « prince aimable. La comtesse Béatrix, sa femme, offrait « un modèle difficile à imiter. La vertu chez elle, suivant les « poetes de ce temps-là, était relevée par tout ce que l'es- « prit et la figure ont d'agréments. »

Papon, Hist. de Prov. t. II, p. p. 316.

L'intérêt que Bérenger et Béatrix attachèrent aux poésies des troubadours les a fait placer eux-mêmes au nombre de ces poètes. Rien ne justifie cette opinion. Un joli couplet attribué vaguement à une comtesse de Provence, commençant par ce vers :

Vos que m semblatz d'els corals amadors,

et que nous avons rapporté dans notre volume précédent, nous paraît appartenir plutôt, ainsi que nous l'avons dit, à Garsende de Sabran, belle-mère de Béatrix, qu'à cette princesse elle-même; mais la tradition qui a placé ces hauts personnages parmi les poètes de leur temps, est au moins une preuve de la protection qu'ils accordèrent au mérite, et de l'influence qu'ils exercèrent sur l'esprit de leurs contemporains et sur les progrès de la civilisation.

Art. de Gui de Cavaillon.

É—D.

DEUX DAMES ANONYMES.

Nous plaçons deux dames au commencement de la série actuelle des troubadours. Leurs noms sont inconnus, et les manuscrits ne leur assignent aucune époque; mais la naïveté et la grace de leurs compositions semblent nous autoriser à les placer au temps de Raimond VI, comte de Toulouse; d'Alphonse II, et de Raimond Bérenger IV, comtes de Provence, où florissaient les Giraud de Borneilh, les Miraval, les Cadenet, les Faidit, les Rambaud de Vachères: ces dames appartiennent assez évidemment à la même école. Nous trouvons en elles le même esprit et la même grace, relevés encore par une ingénuité particulière.

Peut-être est-il permis de supposer que des troubadours auront attribué ces jolies compositions à des femmes pour les faire paraître plus piquantes et plus originales. Quoi qu'il en soit, il ne reste de ces dames ou prétendues dames poëtes que deux pièces, dont une de chacune d'elles. La première est une *Aubade* où la dame, après avoir passé la nuit avec son amant, se plaint de voir l'aube amener le moment de

SIECLE.

la séparation. Ce sujet traité bien des fois a pris ici, dans la bouche d'une femme, un charme tout particulier. Nous suivons, sans y rien changer, la traduction littérale que M. Raynouard a donnée de cette pièce :

En un vergier, sotz fuelha d'albespi,
Tenc la dompna son amic costa si,
Tro la gayta crida que l'alba vi.
Oy Dieus! oy Dieus! de l'alba tan tost ve!

En un verger, sous feuille d'aubépine
Tient la dame son ami contre soi,
Jusqu'à ce que la sentinelle crie que l'aube elle voit.
Oh Dieu! oh Dieu! que l'aube tant tôt vient!

Plagues a Dieu ja la nueitz non falhis,
Ni 'l mieus amicz lonc de mi no s partis,
Ni la gayta jorn ni alba no vis!
Oy Dieus! oy Dieus! de l'alba tan tost ve!

Plût à Dieu que jamais la nuit ne cessât,
Et que le mien ami loin de moi ne se séparât,
Et que la sentinelle jour ni aube ne vît!
Oh Dieu! oh Dieu! etc.

Bels dous amicz, baïzem nos ieu e vos
Aval els pratz on chanto 'ls auzellos,
Tot o fassam en despieg del gilos.
Oy Dieus! oy Dieus! de l'alba tan tost ve!

Beau doux ami, baisons-nous moi et vous
Là-bas aux prés où chantent les oiselets;
Tout ce faisons en dépit du jaloux.
Oh Dieu! oh Dieu! etc.

Bel dous amicz, fassam un joc novel
Ins el jardi on chanton li auzel,
Tro la gayta toque son caramel.
Oy Dieus! oy Dieus, de l'alba tan tost ve!

Beau doux ami, faisons un jeu nouveau
Dans le jardin où chantent les oiseaux,
Jusqu'à ce que la sentinelle touche son chalumeau.
Oh Dieu! oh Dieu! etc.

Per la doss'aura qu'es venguda de lay
Del mieu amic belh e cortes e gay,
Del sieu alen ai begut un dous ray.
Oy Dieus! oy Dieus! de l'alba tan tost ve!

Par le doux souffle qui est venu de là
Du mien ami beau et courtois et gai,
De son haleine j'ai bu un doux rayon.
Oh Dieu! oh Dieu! etc.

La dompna es agradans e plazens;
Per sa beutat la gardon mantas gens,
Et a son cor en amar leyalmens.
Oy Dieus! oy Dieus! de l'alba tan tost ve!

Mss. de la Bibl. royale, 7226, f. 383, v°.
M. Raynouard, Choix, etc., t. II, p. 236, 237.

La dame est agréable et plaisante;
Pour sa beauté la regardent maintes gens,
Et elle a son cœur en aimer loyalement.
Oh Dieu! oh Dieu! que l'aube tant tôt vient!

Dans la seconde pièce, le personnage est une jeune femme mariée contre son gré, qui craint d'être déja devenue amoureuse. Elle s'avoue ingénument à elle-même la peur qu'elle a d'être vaincue, si l'homme qu'elle aime s'aperçoit de sa faiblesse; elle ne dissimule point le projet qu'elle forme de se venger par un autre amour, si ce premier amant la trahit; et finit par avouer l'abandon qu'elle va lui faire de sa personne. Cette pièce est du genre de celles qu'on appelait des *ballades*, vraisemblablement des *rondes* de danse. Quatre couplets de sept vers, où les mêmes rimes reviennent dans le même ordre, et ayant tous le même refrain, sont précédés par un couplet de neuf vers dont les deux premiers riment avec l'avant-dernier de chacun des couplets suivants. Cette addition de deux vers au commencement du premier couplet avait peut-être quelque rapport avec la *figure* de la danse. M. Raynouard a cité cette pièce comme un exemple des compositions de ce genre. Nous suivons encore sa traduction, en suppléant seulement à quelques ellipses qu'il a respectées dans son fidèle mot-à-mot. Nous avons eu déja occasion de faire remarquer combien les troubadours aimaient ce style elliptique, qui exerçait, disaient-ils, la sagacité du lecteur.

Hist. littér. t. XVII, p. 450, 451.

Coindeta sui, si cum n'ai greu cossire
Per mon marit, quar no 'l voill, ni 'l desire,
Qu'ieu be us dirai per que soi aissi drusa,
Coindeta sui;
Quar pauca soi, joveneta e tosa,
Coindeta sui;
E degr'aver marit don fos joyosa,
Ab cui tos temps pogues jogar e rire:
Coindeta sui.

Gentille suis, et ainsi ai-je grief chagrin
Par mon mari, car je ne le veux ni le désire;
Que bien vous dirai pour quoi, (c'est) que je suis amante,
Gentille suis;
Car petite suis, jeunette et fillette,
Gentille suis;
Et devrais avoir mari dont je fusse joyeuse,
Avec qui en tout temps je pusse jouer et rire,
Gentille suis.

Ja Deus mi sal, si ja sui amorosa,
Coindeta sui;
De lui amar mia sui cubitosa,
Coindeta sui;
Ans quan lo vei, ne soi tan vergoignosa,
Qu'en prec la mort qe'l venga tost aucire;
Coindeta sui.

Jamais Dieu me sauve si jamais je suis amoureuse,
Gentille suis;
De l'aimer ne suis point convoiteuse,
Gentille suis;
Mais quand je le vois, j'en suis tant honteuse
Que j'en prie la mort qu'elle le vienne tôt occire;
Gentille suis.

Mais d'una ren m'en soi ben acordada,
Coindeta sui,
S'el meu amic m'a s'amor emendada,
Coindeta sui:
Ve 'l bel esper a cui me soi donada;
Plang e sospir, quar no'l vei ni'l remire;
Coindeta sui.

Mais d'une chose j'en suis bien consentante,
Gentille suis,
Si le mien ami m'a son amour détournée,
Gentille suis:
Voyez le bel espoir à qui je me suis donnée:
Je gémis et soupire, parce que je ne le vois, ni ne le contemple:
Gentille suis.

En aquest son fas coindeta BALADA,
Coindeta sui;
E prec a tut que sia loing cantada,
Coindeta sui,
E que la chant tota domna enseignada
Del meu amic q'eu tant am e desire,
Coindeta sui.

En cet air je fais gentille BALLADE,
Gentille suis;
Et je prie à tous qu'elle soit au loin chantée,
Gentille suis,
Et que la chante toute dame enseignée
Du mien ami que tant j'aime et désire,
Gentille suis.

E dirai vos de que sui acordada,
Coindeta sui;
Q'el meu amic m'a longament amada,
Coindeta sui;
Ar li sera m'amor abandonada,
E'l bel esper q'eu tant am e desire
Coindeta sui.

Et je vous dirai de quoi je suis consentante,
Gentille suis;
Vu que le mien ami m'a longuement aimée,
Gentille suis;
Maintenant lui sera mon amour abandonnée
Et le bel espoir que tant j'aime et désire,
Gentille suis.

Mss. de la Bibl. Ricardi, mss. du Vatican, n. 3206. — Rayn. Choix, etc., t. II, pag. 241 et suiv.

Il y a dans ce petit drame à un seul personnage, exposition, intrigue, péripétie, dénouement. É—D.

PIERRE DE BERGERAC.

CRESCIMBENI a soupçonné que Pierre de Bergerac pouvait être le même personnage que Pierre de Bargeac. Nos prédécesseurs ne paraissent pas en avoir porté le même jugement; car Ginguené, dans son article sur Pierre de Bargeac, ne parle point de cette identité supposée, et quoiqu'il ne subsiste qu'une seule pièce de Pierre de Bergerac, elle est d'une trop grande importance, pour qu'il eût omis d'en faire mention, si Bargeac et Bergerac lui eussent paru n'être qu'une seule personne.

Crescimbeni, Dell'Istoria della volgar poesia, t. II, p. 203.
Hist. littér. de la Fr. t. XV, p. 447.

Guillaume VIII, vicomte de Montpellier, qui mourut au mois de novembre de l'an 1202, institua pour son héritier à la seigneurie de Montpellier, Guillaume, fils aîné d'Agnès, parente du roi d'Aragon, après avoir répudié Eudoxie Comnène, sa première femme. Il paraît que ce testament reçut d'abord son exécution. Le jeune Guillaume était alors âgé
D. Vaissete, Hist. du Langued. t. III, p. 117. de quatorze ans. Le pape Innocent III, pressé par Guillaume VIII de reconnaître la légitimité des enfants de son second mariage, avait suspendu sa décision. Marie, fille d'Eudoxie, mariée à Bernard, comte de Cominges, apparemment ne réclama point. Mais en 1204, Pierre II, roi d'Aragon, ayant épousé Marie, répudiée par le comte de Cominges, s'empara des états de Montpellier, et il en jouit paisiblement jusqu'en 1212. A cette époque, Guillaume, fils
D. Vaissete, Ibid. p. 225. d'Agnès, ayant réclamé auprès d'Innocent III, ce pontife reconnut sa légitimité, ordonna aux habitants de Montpellier de lui restituer leur ville, et à la reine Marie de la lui céder. Cet ordre aurait pu amener une collision ; mais dès le mois de janvier 1213, le roi d'Aragon, au contraire, donna en fief à Guillaume la ville de Montpellier et toutes les terres qui dépendaient de cette seigneurie.

Marie partit aussitôt pour Rome, et obtint une décision toute contraire à la précédente. Guillaume fut déclaré fils
D. Vaissete, Ibid. p. 302. adultérin. Marie mourut à Rome en 1213, peu de jours après avoir obtenu ce jugement. Alors la ville de Montpellier s'érigea en république; et enfin, en 1216, elle reconnut pour son seigneur Jacques Ier, roi d'Aragon, fils de Marie et de Pierre II.

C'est pendant ces révolutions que Pierre de Bergerac publia le sirvente qui nous reste de lui. A laquelle des crises de la seigneurie de Montpellier se rapporte-t-il? C'est là tout ce qui paraîtra douteux. Les deux princes contendants y sont nommés; ce sont Guillaume, fils d'Agnès, qui est un homme méchant, dit le poète, *car es savais*, et le roi d'Aragon, connu par sa bonté, *el bos reis d'Arago*. Par conséquent il ne s'agit pas de la première prise de possession où Guillaume n'avait que quatorze ans, et où Pierre II n'éleva
Millot, t. III, p. 424. aucune difficulté. Millot suppose que le roi d'Aragon est Jacques Ier, et que le sirvente se rapporte à l'époque de 1213 où Guillaume fut condamné par le pape. Cette opinion ne paraît pas admissible, puisque Jacques n'était alors qu'un enfant de cinq ans. D'après cela, la pièce doit appartenir à

l'an 1212, où Guillaume rentra dans la possession de sa seigneurie. Voici trois strophes de ce sirvente :

Bel m'es cant aug lo resso
Que fai l'ausbercs ab l'arso,
Li bruit et il crit e il masan
Que il corn e las trombas fan,
Et aug los retins e'ls lais
Dels sonails, adoncs m'eslais,
E vei perpoinz e ganbais
Gitatz sobre garnizos,
E m plai refrims dels penos....

Il m'est beau quand j'entends le retentissement
Que font le haubert et l'arçon,
Les bruits, le cri et le tumulte
Des cors et des trompettes,
Quand j'entends les résonnantes chansons
Des grelots, alors je me réjouis,
Et quand je vois les pourpoints et les cottes d'armes
Jetés sur les cuirasses;
Et me plaît le frémissement des panonceaux.

Oimais sai qu'auran sazo
Ausberc et elm e blezo,
Cavaill e lansas e bran
E bon vassaill derenan.
Pois a Monpeslier s'irais
Lo reys, soven veiretz mais
Torneys, cochas et essais
Als portals, maintas sazos
Feiren colps, voidan arsos.

Désormais je sais que seront de saisons
Hauberts, haumes et blisons,
Chevaux et lances et épées
Et braves vassaux dorénavant.
Bientôt à Montpellier se courrouce
Le roi, et vous verrez encore
Mêlées, chocs et assauts
Aux portes, et en grand nombre
Nous frapperons des coups, et ferons vider des arçons.

E si'l bos reis d'Arago
Conquer en breu de sazo,
Monpeslier, ni fai deman,
Eu non plain l'anta ni'l dan
D'en Guillem, car es savais,
Ni'n tem lo seignor del Bais
Ans eu mov contr'el tal ais,
Per la fe que dei a vos,
No sai si l'er danz o pros.

Rayn. Choix, t. IV, p. 189.

XIII SIÈCLE.

Et si le bon roi d'Aragon
Conquiert en peu de temps
Montpellier et en fait la demande,
Je ne plains ni la honte, ni le dommage
Du seigneur Guillaume, car il est méchant.
Point ne crains le seigneur d'Aubais,
Au contraire, je me soulève contre un tel secours,
A cause de la foi qu'il doit à vous (roi),
Et ne sais si ce sera pour lui dommage ou profit.

Tout cela est parfaitement clair; le roi d'Aragon viendra conquérir Montpellier; on se battra; le seigneur Guillaume sera vaincu, et le poète s'en réjouira.

Il n'en arriva pas ainsi. On ne se battit point, car les historiens nous l'auraient appris. Mais nous voyons dans cette pièce que Guillaume s'était préparé au combat. L'affaire se termina pour cette fois par la donation que Pierre II fit à Guillaume du fief de Montpellier et de toutes ses dépendances. É—D.

GUILLAUME DE BÉZIERS.

L'HISTOIRE de ce poète est entièrement inconnue, et nous devons regretter cette omission des biographes, attendu que sa carrière poétique paraît se lier à un fait d'une grande importance.

Guillaume est connu par deux pièces. L'une des deux est une déclaration d'amour, que l'auteur se suppose faire à une dame qu'il n'a jamais vue. Ce n'est point une chanson divisée en strophes ou couplets. Il est vraisemblable qu'elle n'a point été faite pour être chantée. Les rimes y sont placées sans ordre. C'est un jeu d'esprit où le poète s'abandonne à la bizarrerie de sa pensée, et une pièce du genre de celles que les troubadours appelaient *un vers*.

Voyez Rayn. Choix, t. II, p. 177.

Erransa,
Pezansa,
Me destrenh e m balansa,
Res no sai on me lansa.
Esmansa,
Semblansa,
Me tolh e m'enansa;
E m dona alegransa

Un messatgier que me venc l'autre dia,
Tot en vellan, mon verai cor emblar.
Et anc pueysas no fuy ses gelosia,
E res no sai vas on lo m'an cercar....

Égarement,
Chagrin,
M'oppresse et me pèse,
Point ne sais où me lance.
Pensée,
Apparence
M'enlève et me transporte;
Et me donne joie
Un messager qui me vint l'autre hier,
Étant bien éveillé, mon tendre cœur ravir;
Et jamais depuis n'ai été sans jalousie,
Et point ne sais où j'irai le reprendre....

Per merce us prec, bella dousset'amia,
Si cum ie us am, vos me vulhatz amar;
Quar ie us am mais que nulha res que sia,
Et anc no us vi, mas auzit n'ai parlar....

Par merci je vous prie, belle doucette amie,
Que comme je vous aime, vous me veuilliez aimer;
Car je vous aime plus que chose qui soit au monde; Rayn. Choix,
Et ne vous ai vue jamais, mais seulement ouï parler de vous... t. III, p. 133.

La seconde pièce est une complainte sur la mort d'un vicomte de Béziers, assassiné, dit le poète, par *des renégats de la race traîtresse de Pilate.* Cette pièce porte dans un manuscrit de la Bibliothèque royale le nom de Guillaume, *moine* de Béziers, et dans le manuscrit dit *de Durfé* celui de Guillaume Ogiers ou Augier *Niella,* natif de Saint-Donat, bourg du Viennois, poète qui demeura long-temps dans la Lombardie. Nos prédécesseurs, ainsi que l'abbé Millot, l'ont attribuée à ce dernier; et comme Augier, contemporain de l'empereur Frédéric Ier, florissait vers le milieu du douzième siècle, il suit de là que le vicomte de Beziers à qui se rapporte la complainte, serait Raimond Tranquavel Ier, tué par des bourgeois de Béziers, en 1167, pour avoir paru prendre parti contre eux en faveur d'un noble. Si, au contraire, la complainte se rapporte à la perte de Raimond-Roger, mort *dans les fers,* prisonnier de Simon de Montfort, *non sans soupçon qu'on eût avancé ses jours,* dit Vaissette, et *de mort violente,* après avoir défendu Béziers et Carcassonne avec un courage héroïque, comme cet événement est du 10 novembre 1209,

Mss. de la Bibl. roy. n. 7225, f. 351, v°.

Mss. de Durfé, 2701, n. ch. 825.

Crescimbeni, Della volgar poesia, t. II, p. 202.

Hist. littér. de la Fr. t. XIII, p. 419.

Millot, Hist. litt. des Troub. t. I, p. 340; t. III, p. 409.

D. Vaissette, Hist. du Langued. t. III, p. 17, 18.

XIII SIÈCLE.

D. Vaissette, Ibid. p. 183. Choix, etc. t. IV, p. 46.

la complainte peut être l'ouvrage de Guillaume de Béziers, et elle sert alors elle-même à fixer l'époque de sa vie. M. Raynouard l'a donnée à ce poète; mais rien n'est assez positif sur cette question, pour nous décider à combattre l'opinion de nos confrères. Quoi qu'il en soit, voici des fragments de cette pièce :

Quascus plor e planh son dampnatge,
Sa malanansa e sa dolor,
Mas ieu, las! n'ai en mon coratge
Tan gran ira e tan gran tristor
Que ja, mos jorns, planh ni plorat
Non aurai lo valen prezat
Lo pros vescomte, que mortz es,
De Bezers, l'ardit e'l cortes,
Lo gai e'l mielh adreg e'l bon,
E'l melhor cavalier del mon.

Chacun gémit et déplore sa propre perte,
Son infortune et sa douleur,
Mais moi, hélas! j'ai dans mon cœur
Si grande indignation et si grande tristesse
Que jamais de mes jours assez regretté et pleuré
Je n'aurai le vaillant, l'estimé,
Le Seigneur preux vicomte, qui est mort,
De Béziers, le hardi, le courtois,
Le gai, le plus adroit, le bon,
Le meilleur chevalier du monde.

Mort l'an, e anc tan gran otratge
No vi hom, ni tan gran error
Mais far, ni tan gran estranhatge
De Dieu et a nostre senhor,
Cum an fag li can renegat
Del fals linhatge de Pilat
Que l'an mort; e pus Dieus mort pres
Per nos a salvar, semblans es
De lui, qu'es passatz al sieu pon
Per los sieus estorser laon.

Tué ils l'ont, et jamais si grande injure
Ne vit homme, ni si grand forfait
Jamais commettre, ni si grande barbarie
Envers Dieu et envers notre Seigneur,
Comme ont fait les chiens de renégats,
De la traîtresse race de Pilate,
Qui l'ont tué; et puisque Dieu a reçu la mort
Pour nous sauver, il semble
De lui qu'il ait passé son pont
Pour les siens retirer en haut.

Mil cavallier de gran linhatge
E mil dampnas de gran valor
Iran per la sua mort a ratge;
Mil borzes e mil servidor
Que totz foran gent heretat
Si 'lh visquet, e ric e honrat....
Ar es mortz, aï Dieus, quals dans es!
Caitieu, cum em tug a mal mes!
Val qual part tenrem, ni ves on
Penrem port, tot lo cor m'en fon....

Mille cavaliers de haut lignage
Et mille dames de grand prix
Iront par sa mort à l'abandon;
Et mille bourgeois, et mille serviteurs,
Qui tous eussent été enrichis,
Puissants et honorés, s'il eût vécu....
Maintenant il est mort! ô Dieu! quelle perte!
Malheureux! comme nous sommes tous mis à mal!
De quel côté nous tournerons-nous, et vers où
Prendrons-nous port? tout mon cœur en est brisé.

É—D.

GUILLAUME ANÉLIER.

Ce troubadour, né à Toulouse vers la fin du douzième siècle, nous est connu par quatre sirventes, où se manifestent avec énergie son amour pour son pays et son aversion pour la guerre de la ligue dont le résultat devait être de livrer le Languedoc à une domination étrangère. De semblables pièces de vers sont des morceaux d'histoire où le chant d'un seul poète peint l'esprit d'un peuple entier.

La date de ces pièces n'est pas douteuse; elles sont toutes à peu près de la même époque. Celle qui commence par ce vers,

Vera merce e dreitura sofranh,

est dédiée au jeune roi d'Aragon :

Al jove rei d'Arago qe conferma
Merce e dreg, e malvestat desferma,
Vay sirventes, quar trastot be resferma,
E nuls engans dedins son cors no s ferma.

Mss. de la Biblioth. Laurentiana.

XIII SIECLE.

Vers le jeune roi d'Aragon qui protége
Miséricorde et droit, et injustice repousse,
Va, Sirvente; car tout ce qui est bon il le renferme en soi,
Et nulle tromperie en son cœur n'habite.

La pièce commençant par ce vers,

Mss. de la Bibl. roy. n. 7226, f. 341.

El nom de Dieu qu'es paire omnipotens,

Rayn. Choix, t. V, p. 179.

fait mention du jeune roi d'Angleterre, *joves Engles,* lequel va sans doute chercher à reconquérir ses domaines de France. Or, pour rencontrer une époque où un roi d'Aragon et un roi d'Angleterre fussent jeunes tous deux, il faut se placer à l'an 1224 ou 1226. Jacques Ier, roi d'Aragon, né le premier février 1208, roi en 1213, était alors âgé en effet de 17 à 18 ans; et Henri III, fils de Jean-Sans-Terre, né en 1207 et roi en 1216, avait à peu près le même âge : c'est par conséquent de l'an 1224 à l'an 1226 qu'ont été composés les deux sirventes dont nous parlons; époque désastreuse pour le Languedoc, où la reprise de la guerre et la reddition d'Avignon ouvraient aux croisés la route de Toulouse, et où la couronne de Raimond VII tendait visiblement à sa chute. Quand on considère ces circonstances, les pièces de vers d'Anélier acquièrent un grand intérêt. Alors on ne dit plus : « Ces pièces ne contiennent que de vagues déclama- « tions contre le clergé, les moines et les Français. » On admire, au contraire, le courage et le dévouement du poète qui défend autant qu'il est en lui son prince et son pays, et s'oppose, avec les armes aiguisées de la satire, au débordement des mœurs.

Celui de ces sirventes qui commence par

Ara farai no m puesc tener,

date des premiers temps de la majorité de Jacques d'Aragon.

Mas us enfans cobra poder
Qu'es a paratge lums e ray.

C'est en ce jeune prince que le poète espère; c'est pour lui qu'il demande les faveurs du ciel :

Donc prec Jeshu Crist que poder
Li don e qu'el garde, si 'l play,
Que clercx no 'l puescan dan tener
Ab fals prezricx totz ples d'esglay,

Quar tant es grans lur trichamen
Qu'el fuecx infernals plus preon
Ardran, quar volon tant argen
Qu'hom peccaire fan cast e mon....

Donc je prie Jésus-Christ que pouvoir
Il lui donne, et qu'il le préserve, s'il lui plaît,
Que clercs ne puissent lui porter dommage
Par leurs prédications menteuses, pleines de terreur;
Car si grande est leur fourberie
Qu'au feu d'enfer le plus profond
Ils brûleront (eux) si avides d'argent
Que l'homme pécheur ils rendent innocent et pur.

A la gleisa falh son saber,
Quar vol los Frances metre lay
On non an dreg per nulh dever,
E gieton cristiais a glay
Per lengatge sens cauzimen....

Rayn. Choix, t. IV, p. 272.

A l'Église faillit son savoir
Quand elle veut les Français établir là
Où ils n'ont droit par aucune obligation;
Et ils jettent les chrétiens au désespoir
Par un langage sans ménagement.

Le quatrième sirvente n'est pas moins remarquable quant au fond, et il est plus poétique:

Ar faray, sitot no m platz
Chantar verses ni chansos,
Sirventes en son joyos,
E say qu'en seray blasmatz;
Mas del senhor suy servire
Que per nos suferc martir
Et en crotz deynhet morir,
Per qu'ieu no m tem de ver dire.

Maintenant je ferai, quoique ne me plaise
Chanter couplets ni chansons,
Un sirvente sur un air vif;
Et sais que j'en serai blâmé;
Mais de Dieu je suis serviteur,
Qui pour nous a souffert martyre,
Et en croix a daigné mourir;
C'est pourquoi je ne me retiens de la vérité dire.

Quar vey qu'el temps es camjatz
E'ls auzelletz de lors sos;
E paratges que chai jos,
E vilas coutz son prezatz,

3.

XIII SIECLE.

Clercx e Frances cuy azire,
Qu'ieu per ver vey dregz delir.
E merces e pretz venzir;
Dieus m'en do so qu'ieu n dezire.

Car je vois que les temps sont changés
Et les oiselets (même) dans leur chant;
Et les nobles familles sont jetées à terre
Et les plus vils tenus à estime,
Et les clercs et Français que je déteste (1);
Et en vérité je vois les droits anéantir,
La bienfaisance et le mérite avilir :
Que Dieu m'en donne ce que j'en désire!

Tant es grans lur cobeytatz
Que dreytura n'es al jos,
Et enjans et tracios
Es dretz per elhs apellatz,
Don pretz, dos, solatz et rire
Franh, e vezem car tenir
Los malvatz que ges servir
Non podon Dieu ni ver dire....

Tant est grande leur avidité
Que droiture en est par terre;
La ruse et la trahison,
C'est là le droit ce qu'ils appellent;
Aussi le mérite, le savoir, les amusements, le rire,
Ils les brisent, et nous voyons estimer
Les méchants qui servir
Ne peuvent Dieu, ni la vérité dire.

Dans cette peinture passionnée des mœurs, le poète ne pouvait pas oublier le refroidissement que la guerre avait inspiré pour les troubadours.

Joglars ben son desamatz
La flor dels valens baros
Cuy cortz, domneyars e dos
Plazion joys et solatz;
Qu'er, si re als voletz dire,
Vos pessaran descarnir,
Rayn. Choix, t. IV, p. 271. Quar ja no 'ls pot abellir,
Qu'aver, aver lur tolh rire.

(1) Nous publions ce passage à regret; mais il exprime un sentiment particulier à l'époque dont nous parlons, et que l'histoire doit faire connaître.

Les troubadours bien sont négligés,
Et la fleur des vaillants barons
A qui les cours, la galanterie, le savoir
Plaisaient, et les joyeux ébats et les divertissements;
Que maintenant si vous leur en voulez parler
Ils penseront vous vilipender,
Car rien de cela ne peut leur plaire,
Avoir, avoir leur ôte le rire.

Toutes ces pièces ayant dû précéder de peu l'établissement définitif des Français dans le Languedoc, et la vie d'Anélier n'étant d'ailleurs pas connue, nous plaçons cet auteur à la date qui paraît convenir à la plus récente de ses productions, qui est l'année 1228. E—D.

ARNAUD DE COMMINGES.

Ce troubadour que Millot croit avoir été un seigneur de la maison de Comminges, n'est connu que par un sirvente contre les désordres qui avaient lieu de son temps, dans la manière d'acquérir et de transporter la propriété des domaines. « La violence fait tout, dit-il, les plus forts ont « toujours raison; ils se font acheteurs ou ravisseurs, si on « ne veut leur vendre :

Millot, t. III, p. 60.
Rayn. Choix, t. V, p. 25.
Pièce commençant par *Be m plai us usages.*
Mss. de Modène.

Enans se fan comprador
O toledor qui nos los ven.

« Qui perd d'un côté va comme un joueur chercher profit « dans une autre affaire :

...... E puois ab pauc d'argen
Qu'ill reman, vai jogar aillor.

Millot pense avec raison que cette peinture ne peut appartenir qu'au temps de la guerre des Albigeois ou à l'époque qui suivit immédiatement. E—D.

DEUDES DE PRADES.

DEUDES ou Dieu-Donné, surnommé de Prades, parce qu'il naquit au bourg de ce nom, dans le Rouergue, à quelques lieues de Rhodez, était chanoine à Maguelone. Homme de sens et lettré, dit son historien, il composait bien les vers; mais ses chansons n'exprimaient pas l'amour avec assez de chaleur, *e fet cansos per sen de trobar, mas no movian ben d'amor;* on n'y trouvait pas toute la vivacité désirée dans les productions de ce genre; aussi, ajoute son historien, ne furent-elles ni beaucoup chantées, ni fort goûtées, *per que non avian sabor entre la gen, ni no foron cantadas ni grazidas.*

Il peut y avoir quelque exagération dans l'énoncé de ce dernier fait; mais nous voyons en effet dans les chansons de Deudes de Prades plus d'esprit que de sentiment, et même plus de cynisme que de galanterie. Quoique ce poète parle quelquefois de souffrir et de mourir, il ne meurt point; il jouit, ou du moins il espère, si déja il n'a obtenu. Le chanoine de Maguelone est un sybarite qui fait des vers pour remercier ses maîtresses ou pour les séduire. Il a de la gaîté, des pensées fines et riantes; mais ses tableaux vont jusqu'à la nudité; et si, comme il y a apparence, c'est ce qui empêcha le succès de ses chansons dans la bonne compagnie, *entre la gen*, c'est une preuve de plus que dans un siècle où les mœurs étaient très corrompues, on exigeait cependant encore à l'extérieur de la décence et de la pudeur.

En fait d'amour, Deudes veut deux choses, jouir et changer quelquefois de maîtresse.

Ab lo dous temps que renovelha,
Vuelh far ar novelha chanso,
Qu'amors novelha m'en somo
D'un novelh joy que mi capdelha;
E d'aquest joy autre joy nais,
E s'ieu non l'ai non poirai mais;
Mas ades azor e sopley
A lieys cui am de cor, e vey.

Avec le temps doux qui se renouvelle
Je veux faire aujourd'hui chanson nouvelle,
Car nouvelle amour m'en sollicite
Par nouvelle joie qui me domine;

Et de cette joie naît autre joie,
Que j'obtiendrai ou rien n'y pourrai;
Mais maintenant j'adore et supplie
Celle que j'aime de cœur et que je vois.

Tan mi par m'esperanza belha
Que be m val una tenezo;
E pus espers mi fai tal pro,
Ben serai ricz, si ja m'apelha,
Ni m dis : « Bels dous amicz verais,
Be vuelh que per mi sias gays,
E ja no s vir per nulh esfrey
Vostre fis cors, del mieu dompney....

Tant mon espérance me paraît belle,
Que bien me vaut une possession;
Et puisque l'espoir tant me fait de plaisir;
Combien serai-je heureux, si jamais elle m'appelle,
Et me dit : « Beau, doux ami, sincère,
Bien je veux que pour moi soyez gai
Et qu'il ne m'échappe par nulle crainte,
Votre gentil cœur, de mon service. »

E qui ren sap de drudaria
Leu pot conoisser e chauzir
Que 'l belh semblant e'l dous sospir
No son messatge de fadia;
Mas talant a de fadeyar
Qui so que te vol demandar;
Per qu'ieu cosselh als fins amans
Qu'en prenden fasson lur demans.

Rayn. Choix, etc. t. III, pag. 416.

Et qui se connaît un peu en galanterie,
Bientôt peut voir et juger
Que beau semblant et doux soupir
Ne sont message d'indifférence.
Mais plaisir il trouve à niaiser
Qui ce qu'il tient veut demander.
C'est pourquoi je conseille aux amants passionnés
Qu'en saisissant ils fassent leur demande.

M. Raynouard a traduit élégamment cette strophe. Choix, etc. t. II, p. 33.

Une autre pièce n'est pas moins expressive et moins gaie.

En un sonet gai e leugier
Comens canso gai 'e plazen,
Qu'estiers non aus dir mon talen,
Ni descubrir mon dezirier.
Dezir ai que m ve de plazer,
E'l plazer mou del bon esper,

Mss. de la Biblioth. roy. n. 2701, ch. 257. Parnasse occit. p. 86.

XIII SIÈCLE.

E'l bon esper de joi novel,
E'l joi novel de tal castel
Qu'eu no volh dir, mas a rescos,
A cels cui amors ten joios.

Sur un air gai et léger
Je commence chanson gaie et riante;
Car autrement je n'ose déclarer mon intention,
Ni découvrir mon désir.
Désir j'éprouve qui me vient de plaisir,
Et le plaisir naît de bon espoir,
Et le bon espoir de joie nouvelle,
Et la joie nouvelle d'un tel castel
Que je ne veux nommer, sinon tout bas
A celui qu'amour tient en joie.

Il dit dans la même pièce :

Ja no i man letre ni sagel,
Ni mi don cordon ni anel;
Mas dehne me dir : Amics dos,
Aissi m'avetz com ieu ai vos.

Je ne lui envoie lettre ni pli cacheté,
Et ne me donne cordon ni anel,
Pourvu qu'elle daigne me dire : Doux ami,
Ainsi vous me possédez comme je vous possède.

Cette chanson du chanoine de Maguelone fut adressée au troubadour Gui d'Uissel, chanoine de Brioude.

« Va, dit l'envoi, va, ma chanson, sans craindre aucun « mauvais augure, jusqu'à ce que tu sois auprès de Gui « d'Uissel, et dis-lui : M'adresse ici à vous un *mauvais* « *conseil*, car il est amoureux,

E di l'Aissi m trasmet a vos
Fols cosselhs, quar es amoros. »

Hist. littér. t. XVII, p. 564.

Une des pièces les plus intéressantes de Deudes de Prades, est sa complainte sur la mort du troubadour Hugues Brunet, dont nous avons parlé dans le volume précédent. C'est là qu'il fait l'éloge du langage choisi, *lingua issernida* d'Hugues Brunet, mérite dont il offrait lui-même un excellent modèle.

Son ouvrage intitulé : DELS AUZELS CASSADORS est d'un tout autre genre. C'est un poëme de trois mille six cents vers de huit syllabes, que le poëte appelle un *roman*, sur l'art de nourrir et d'élever les oiseaux de chasse. Après avoir exposé son plan, l'auteur traite des différentes classes d'oiseaux, d'abord de l'autour, ensuite de l'épervier, du faucon dont il distingue sept espèces, de l'émérillon; de l'art de dresser ces oiseaux, de s'en servir, de les guérir de leurs maladies. Son style est généralement vif, poétique, souvent animé par des descriptions et des comparaisons brillantes. Le faucon de Barbarie, qu'il nomme *Surpunic,* ressemble, dit-il, à l'aigle blanc par son plumage, au gerfaut par son œil, ses ailes, son bec, son orgueil; tout oiseau tremble à son aspect, *auzel qu'el ve de paor trembla.* Il compare le faucon britannique à un roi, à un comte riche et puissant, à un preux de grand pouvoir; c'est lui, dit-il, qui réjouit le plus constamment le seigneur; il est le prince des faucons, le maître des oiseaux, *de totz aurels es lo maistre.*

Rayn. Choix, t. V, p. 126 et suiv.

Il est difficile de croire qu'avec tant d'esprit et des talents si variés, Deudes de Prades, malgré le ton trop libre de ses poésies, ne se fît pas ouvrir plus d'un château. On voit en effet qu'il fut accueilli chez le seigneur d'Anduze, chez Guillaume IV, prince d'Orange, et dans d'autres grandes maisons.

L'année de sa mort n'est pas connue; mais ses liaisons avec Guillaume IV, prince d'Orange, mort en 1218, et avec Gui d'Uissel, mort de 1222 à 1230, nous autorisent suffisamment à placer sa mort vers 1228 ou 1229. E—D.

BLACAS.

MORT en 1229.

Ce troubadour nous offre un brillant modèle du caractère des seigneurs provençaux, languedociens et catalans du XIIe siècle. Nous voyons en lui un de ces hauts barons, braves, galants, fastueux, s'honorant de cette fleur de bon ton qu'on appelait de leur temps *courtoisie,* qui tenaient dans leurs châteaux des cours nombreuses, accueillaient avec magnificence les chevaliers, les dames, les poëtes; leur faisaient de riches présents, et composaient eux-mêmes des vers pour ne pas se montrer inférieurs à leurs illustres hôtes. Blacas ne fut pas sans talent, comme troubadour; mais sa réputation paraît s'être fondée bien plus encore sur la noblesse de ses manières, que sur le mérite de ses poésies. « Blacas, « dit l'auteur de sa vie écrite en provençal, fut un baron « puissant, généreux, bien fait, adroit, qui aimait les fem-

XIII SIÈCLE.

« mes, la galanterie, la guerre, la dépense, les cours, la « magnificence, le bruit, le chant, le plaisir, et tout ce qui « donne du relief et de la considération. Personne n'eut « jamais autant de satisfaction à recevoir qu'il en avait à « donner. Il fut le protecteur des faibles et le soutien des « délaissés; *e fo aquel que mantenc lo desmantenguts, et* « *amparet lo desamparats.* Plus il avança dans la vie, plus « l'aimèrent ses amis et le craignirent ses ennemis : *On plus* « *venc de temps e plus l'ameren li amic, e li enemic lo ten-* « *sen plus.* Plus aussi il vécut, plus s'accrurent sa sagesse, « son savoir, et même son penchant à la galanterie : *E crec* « *sos sens, e sos sabers, e sa gaillardia, e sa drudaria.* » Ce portrait, tracé dans le style du temps, nous peint un genre de gloire tout chevaleresque. Plusieurs troubadours reproduisirent successivement le même éloge comme à l'envi.

L'aïeul ou le bisaïeul de Blacas, originaire de la Catalogne, vint se fixer en Provence, à la suite de Raimond Bérenger Ier ou de quelqu'un des premiers successeurs de ce prince. Il dut lui-même naître à Aix, où les comtes de la maison de Barcelone faisaient leur résidence ordinaire, à moins qu'il n'ait vu le jour à Aulps, gros bourg dont un des premiers Bérenger avait donné la seigneurie à sa famille. Le nom de *Blacas, Blaccas* ou *Blancatz,* paraît être venu de *Blancas* (Blanc), surnom donné apparemment à quelqu'un de ses aïeux.

On voit, en 1176, un Blacas, seigneur d'Aulps, prêter serment de fidélité à Alphonse Ier, comte de Provence, fils de Raimond Bérenger II. Ce Blacas pouvait être le père du poète, mais ce peut bien être aussi le poète lui-même; car déjà, à cette époque, celui-ci était parvenu à l'âge d'homme. Sa vie connue se renferme entre cette année 1176 et l'année 1229, époque de sa mort; ce qui permet de placer sa naissance vers 1160 ou environ.

La plus ancienne pièce de vers que nous connaissions de lui est sa tenson avec Peyrols, et cette pièce est antérieure à la croisade de l'an 1190, puisque Peyrols se croisa lors de cette expédition, et qu'à son retour, il alla vivre à Montpellier et s'y maria. Sa liaison avec Cadenet, dont nous avons parlé à l'article de ce dernier poète, date du temps où Boniface, marquis de Montferrat, venait de succéder dans ce marquisat à son frère Conrad, et par conséquent des années 1193 ou 1194. La chanson où il déclare à Folquet de Romans

Hist. littér. t. XV, p. 456.

qu'il ne se croisera point, est de 1195. Sa tenson avec Pierre Vidal doit appartenir aux années 1196 ou 1197, époque où Pierre Vidal vint en Provence pour la seconde fois, au retour de la croisade, car il était déja vieux, *ja viels,* et Blacas lui reproche ses actes de démence, tous postérieurs à la croisade.

La complainte de Sordel sur la mort de ce seigneur, où il partage son cœur entre les princes qui lui paraissent manquer d'activité ou de courage, semble supposer qu'il avait rempli un rôle éclatant dans quelque guerre importante. C'est ce que l'histoire ne nous apprend point : cependant il faut admettre qu'un éloge donné avec tant de pompe dut être fondé sur quelque fait réel.

Il se glorifie lui-même de sa bravoure et de son illustration militaire, dans une pièce galante où, en mettant à découvert son propre caractère, il peint les mœurs de son temps.

Per merce il prec c'en sa merce mi prenda
Liei cui om soi, per aital convinen — Rayn. Choix, t. V, p. 106.
Si troba aman que m venza ni m contenda
Ab tan cor d'armas, ni d'ardimen,
Ni tan larc sia ab tan pauc de renda,
Ni tan sotil en parlar avinen,
A lui s'autrei e de mi se defenda,
Que ben es drec c'il am lo plus valen
Aissi com il es la gensor que port benda (1).

Par merci je la prie qu'en sa merci me prenne,
Celle de qui l'homme je suis sous cette condition
(Que) si trouve amant qui me surpasse ou me le dispute
Avec tant de cœur en armes et tant d'ardeur,
Aussi magnifique avec si peu de rentes,
Aussi élégant dans un gracieux langage,
Qu'à lui elle s'octroie et de moi se défende,
Car bien est droit qu'elle aime le plus méritant,
Ainsi qu'elle est la plus belle qui porte ceinture.

On dirait, à lire ces vers, que Blacas ait offert lui-même à Sordel le thême de sa complainte, par ce mot :

Ab tan (gran) cor d'armas ni d'ardimen.

La générosité de ce seigneur avec les troubadours a été

(1) Il y a dans cette pièce plusieurs incorrections, sans doute par le fait des copistes : nous les respectons, comme M. Raynouard les a respectées.

XIII SIÈCLE.

célébrée par Pierre Vidal, dans une pièce où, feignant de donner des instructions à un jongleur, il prend de là occasion de louer les mœurs des chevaliers du temps de sa jeunesse, et d'illustrer ceux dont il a reçu un honorable accueil. « De « ce côté de l'Espagne, lui dit-il, vous visiterez le généreux « roi Alphonse; en Lombardie, le preux marquis.... En « Provence sont des hommes qui ne connaissent pas l'ava- « rice : n'allez pas y oublier Blacas. »

Abril issic, Mss. dit de Durfé. Bibl. roy. n. 2701.

Rayn. Choix, t. V, p. 346.

Et en Proensa homs non avars....
En Blacas no y fai a laissar.

Élias de Barjols disait pareillement :

D'en Blacas no m tuelh ni m vire,
Ni de son pretz enantir;
Que tan no puesc de ben dir
Qu'ades mais no i truep a dire (1).

De sire Blacas ne m'ôte ni me détourne,
Ni de son prix célébrer,
Car tant ne puis de bien en dire,
Que toujours plus n'en trouve à dire.

Dans ses tensons avec Peyrols, Pierre Vidal, Rambaud de Vachères, Guillaume de S. Grégori, Guillaume Pélissier, Bonafe ou Bonnefoi, Blacas se peint comme plus avide du physique de l'amour que du moral. Point ne le fâche que ses amours fassent quelque bruit, et s'il le fallait, il préférerait même une conquête qu'on lui prêterait faussement, mais éclatante, à des faveurs sans réserve, mais ignorées. Tels sont du moins ses jeux d'esprit. On voit aussi dans ses pièces un assez vif penchant à la satire.

Il disait à Pierre Vidal : « De votre doctrine je ne veux « point auprès de ma dame, j'entends la servir à toujours, « mais en égal. »

E d'ela m platz que m fassa guizardon
Et a vos lais lo lonc atendamen
Senes jauzir, qu'ieu vuoill lo jauzimen :
Car lonc atens senes joi, so sapchatz,
Es jois perdutz, qu'anc uns non fon cobratz.

(1) M. Raynouard cite ces vers comme un exemple de la liberté dont usaient les troubadours, de maintenir ou de supprimer l'E à l'infinitif des verbes en ER, en RE, en IR et en IRE. *Gram. de la lang. des Troub.* p. 195.

Et d'elle il me plaît qu'elle me fasse don (mutuel),
A vous je laisse la longue attente
Sans jouissance; je veux jouir,
Car longue attente sans jouissance, sachez-le bien,
Ce sont joies perdues, dont aucune ne se recouvre.

Vidal répondait :

Blacatz, ges ieu sui d'aital faisson
Cum vos autres, a cui d'amor non cal;
Gran giornada vuoill far per bon ostal,
E lonc servir per recebre gent don;
Non es fis drutz cel que s canja soven,
Ni bona domna cella qui lo cossen;
Non es amors, ans es engans proatz
S'uoi enquerets, e deman o laissatz.

Blacas, point ne suis de cette façon
Comme vous autres à qui d'amour ne chaut guères;
Longue journée je veux faire en bon logis,
Et long servir pour obtenir précieux don;
N'est amant vrai qui souvent se déplace,
Ni bonne dame celle qui le souffre,
Point n'est amour, mais claire tromperie,
Si demandez aujourd'hui et demain délaissez.

Rayn. Choix, t. IV, p. 23.

Blacas demande à Rambaud de Vachères : « Rambaud, « sans qu'on le sache, bonne dame vous fera jouir d'amour « accomplie, ou bien, pour vous donner de la gloire, elle « fera croire à la gent, sans rien de plus, qu'elle est votre « amie : qu'aimez-vous mieux? — Rambaud, en amant dé- « licat, aime mieux, dit-il, jouissance toute suave et sans « bruit, que vaine opinion sans plaisir : »

Mais vueill aver jauzimen
Tot suavet e ses bruda,
De ma domna cui dezir,
Que fol creire ses jauzir.

Blacas prétend que les connaisseurs tiendront ce sentiment à folie, à sagesse les niais :

En Raimbaud, li connoissen
Vos o tenran a follor,
Et a sen li sordeior.

Rambaud ne trouve rien de si charmant que de jouir en secret de la femme qu'il adore :

XIII SIÈCLE.

Blacatz tan m'es avinen
Quant, ab mi dons cui azor
Puosc jazer sotz cobertor
Ren als no m'es tan plazen.

Rayn. Choix, t. IV, p. 25. Parnasse occit. p. 119.

Blacas réplique par une strophe que terminent ces jolis vers :

Non pretz honor escunduda,
Ni carboucle ses luzir,
Ni colp que no'l pot auzir,
Ni oill cec, ni lengua muda.

Point n'estime honneur caché,
Ni escarboucle sans luisant,
Ni coup (frappé) que je ne puis entendre,
Ni œil aveugle, ni langue muette.

Dans sa tenson avec Guillaume de S. Grégori, il aime mieux obtenir d'une dame de haut parage toutes les faveurs hors une seule, que de la plus belle suivante de cette dame, tous les témoignages d'amour sans en excepter aucun :

Rayn. Choix, t. IV, p. 27.

Que maint fruit pot penre laire,
Que non a tan doussa sabor
Qui'l pren bas com aut, ni doussor.

Car maint fruit peut prendre un larron,
Qui n'a pas si agréable saveur,
S'il les cueille en bas, qu'en haut, ni tant de douceur.

Cependant dans une pièce érotique, la seule qu'on lui attribue, ce poète se montre passionnément amoureux, et il ne manque ni d'élégance ni d'harmonie.

Rayn. Choix, t. III, p. 337.

Lo belh dous temps mi platz
E la gaya sazos
E'l chans dels auzellos;
E s'ieu fos tant amatz
Com sui enamoratz,
Fera gran cortezia
Ma bella douss'amia.
E pus nulh be no m fai,
Las! e doncx que farai?
Tant atendrai aman
Tro morrai merceyan,
Pus ilh vol qu'aissi sia.

Le doux et beau temps me plaît,
Et la gaie saison
Et le chant des oiseaux;
Et si j'étais autant aimé
Que je suis amoureux,
Me ferait grande courtoisie,
Ma belle, douce amie.
Mais puisque nul bien ne me fait,
Hélas! eh donc que deviendrai-je?
Tant j'attendrai en aimant
Jusqu'à ce que je meure en suppliant,
Puisqu'elle le veut ainsi.

Cette pièce est composée de cinq strophes de douze vers, conservant toutes les mêmes rimes disposées dans le même ordre; plus, d'un envoi de six vers sur les mêmes rimes que le dernier sizain des strophes.

Blacas ne se croisa point. Le troubadour Folquet de Romans, vraisemblablement son hôte à cette époque, lui ayant demandé dans une chanson s'il prendrait la croix dans le cas où l'empereur commanderait l'armée (il s'agissait de l'empereur Henri VI, et par conséquent de la croisade de 1195), il répondit qu'il n'en ferait rien.

En Folquet, be sapchatz
Q'eu sui amatz
Et am ses cor vaire
En lei cui es fina beutatz
E gais solatz:
. . . .
Eu farai ma penedenza
Sai entre mar e durenza,
Apres del seu repaire.

Mss. du Vatican, n. 2370, f. 51.

Seigneur Folquet, bien sachez
Que je suis aimé
Et que j'aime sans cœur changeant
Dame en qui résident exquise beauté
Et spirituelle gaieté,
. . . .
Et je ferai ma pénitence
De ce côté, entre mer et Durance,
Auprès de sa demeure.

L'époque de la mort de ce poète nous est indiquée d'une manière indubitable par la complainte de Sordel. Quand celui-ci, par exemple, donne une portion du cœur de Blacas à Louis IX, roi de France, lequel, dit-il, en a besoin, car il n'ose rien entreprendre qui puisse déplaire à sa mère, on voit par ces mots que Louis IX était sorti de sa minorité; ce qui eut lieu vers la fin de l'année 1228; et l'on voit aussi qu'il en était sorti depuis peu de temps, car quelques années plus tard, il n'eût plus mérité le reproche que lui adressait Sordel. Quand ce poète donne une portion du cœur de Blacas à Jacques Ier, roi d'Aragon, afin qu'il lave l'affront qu'il a reçu à Marseille, il n'est pas moins visible que cet affront prétendu est la cession faite par ce roi aux Marseillais, de trois cents maisons, d'une mosquée et de quelques terres dans la ville et le territoire de Maïorque; cession à laquelle Jacques se trouva obligé à cause des secours que les Marseillais lui avaient donnés lors de l'attaque de cette île: or, la conquête de Maïorque appartient à l'an 1229. Quand Sordel veut enfin que le comte de Toulouse, Raimond VII, reçoive une grande portion de ce cœur, afin qu'il puisse, dit-il, rentrer dans ses domaines, il est également clair que Sordel fait allusion au traité de paix qui dépouilla Raimond du tiers au moins des états de son père, et ce traité est du 12 avril 1229. Il suit de ces rapprochements que la mort de Blacas doit être placée au commencement de l'an 1229 ou à la fin de l'année 1228.

Ruffi, Hist. de Marseille, pag. 113.

Blacas laissa un fils nommé Blacasset ou Blacas le jeune, poète comme lui, dont nous parlerons quand il s'agira des troubadours qui fréquentèrent la cour de Béatrix de Savoie, femme de Raimond Bérenger IV, comte de Provence. E—D.

ARNAUD D'ENTREVÈNES.
BONNEFOI.

Nous plaçons ces deux troubadours ensemble, attendu qu'ils ne sont connus l'un et l'autre que par des vers adressés à Blacas, ou par des tensons composées avec lui.

Arnaud d'Entrevènes, que Papon croit né en Provence et de la maisou d'Agout, charmé apparemment de quelque pièce de vers de Blacas, lui adressa une épître en forme de chanson, divisée en strophes de douze vers, et sur des rimes qui se correspondent d'une strophe à l'autre; seule pièce de

Papon, Hist. de Provence, t. II, p. 404.

lui qui nous ait été conservée. La première strophe était ainsi conçue :

Del sonet d'EN Blacatz
Sui tant fort enveios
Que descortz e chansos
E retroenzas i faz,
E quar vei qu'a lui platz,
Sirventes i faria,
Si faire l'i sabia;
E pos far no l'i sai,
Una danza i farai
Coindeta e ben estan
Que chanto ill fin aman,
E mova de coindia.

M. Rayn. a donné trois strophes de cette pièce. Choix, t. V, p. 40; t. II, p. 297.

Du chant de Blacatz
Tant je suis amoureux
Que *discors* et *chansons*
Et *retroences* je lui fais,
Et comme je vois qu'à lui je plais
Sirventes lui ferais,
Si faire à lui savais;
Et puisque faire je ne sais,
Une *danse* lui ferai
Gracieuse et bien conçue
Que chantent les gentils amans,
Et qui se meuve avec élégance.

Le poète ajoute, apparemment pour tourner en ridicule plus d'un versificateur de son temps, que la chanson de Blacatz aurait été meilleure, s'il y eût fait entrer des prés et des fleurs, des vergers feuillés, les longs jours du mois de mai, Pâques et l'herbe de la Saint-Jean, sorte de critique dont il avait pu faire souvent l'application.

Arnaud d'Entrevennes fait dans la même pièce une assez longue énumération de héros de romans connus de son temps, tels que Floris, Raoul de Cambrai, Perceval. Il parle aussi des contes souvent répétés par les jongleurs, d'Isingrin (le loup), de Belin (le mouton), etc.

Mss. de la Biblioth. roy. n. 7225, ch. 672, 673.

BONNEFOI ou *Bonnafe* n'est cité dans les manuscrits que pour deux tensons, où, mécontent apparemment de Blacas, il lui dit des injures grossières, et où ce poète répond sur le même ton. Ces vers d'ailleurs peu poétiques ne valent pas la peine qu'on les répète. É—D.

LA DAME TIBERGE.

NA TIBORS, dame provençale, habitait un château appartenant à Blacas et nommé *Sarrenom*, aujourd'hui *Serannon*. C'était, dit le biographe, une personne courtoise, instruite, aimable, fort habile, et qui composait des vers: *Cortesa fo et enseignada, avinens et fort maistra, et saup trobar.* Elle fut amoureuse, fort aimée d'amour et fort estimée par les hommes distingués de sa contrée, redoutée et ménagée par les grandes dames : *E per totas las valens dompnas mout tensuda e mout obedida.* Il ne reste d'elle que le fragment suivant :

Mss. du Vatican, n. 3207.
Rayn. Choix, t. V, p. 447.

Bels dous amics, ben vos puesc en ver dir
Que anc no fo q'eu estes ses desir
Pos vos conven e.... per fin aman;
Ni anc no fo q'eu non agues talan,
Bel douz amics, q'eu soven no us vezes
Ni anc no fos sasons que m'en pentis,
Ni anc no fos, si vos n'anes iratz,
Q'eu agues joi tro que fossetz tornatz (1).

Beau doux ami, bien vous puis dire avec vérité
Que jamais il n'a été que je ne vous aie désiré,
Depuis que je vous ai reconnu pour sincère amant;
Ni jamais il n'a été que je n'aie eu inclination,
Beau doux ami, que je vous visse souvent;
Ni jamais il n'a été un moment que je m'en sois repentie;
Ni jamais il n'a été, si vous êtes parti chagrin,
Que j'aie eu joie jusqu'à ce que vous soyez revenu.

É—D.

(1) Ce texte est tronqué et corrompu; mais l'application que donnaient les dames de cette époque à l'art des vers, est une particularité historique dont nous ne devons pas négliger de rapporter des exemples.

HUGUES DE MATAPLANA.

Hugues ou Huguet de Mataplana était un des plus grands seigneurs de la Catalogne. Sa famille se faisait descendre d'un des barons que Charlemagne envoya dans cette province pour y établir des colonies, et à qui la terre de Mataplana échut en partage. Il se plaisait, conformément aux mœurs de son temps, à rassembler dans son château des chevaliers, des dames, des troubadours, à leur donner des festins, à les amuser de chasses, de poésie, de musique, et il s'était fait une haute réputation de courtoisie et de galanterie.

MORT en 1229.

Bastero, La crusca provenzale, t. I, pag. 102.

Pierre Vidal dépeint cette cour, et fait le portrait du maître dans la pièce que nous avons déja citée au sujet de Blacas, où il raconte ses voyages, en feignant de donner des instructions à un jongleur. Il avait visité Hugues avant que le roi Richard partît pour la croisade, par conséquent avant l'an 1190. « Ensuite, dit-il, j'allai droit à Mataplana; là je « trouvai mon seigneur Hugues, homme prévenant, franc, « doux, écoutant avec connaissance tout bon savoir; là je « trouvai des dames qui, en vérité, me rappelèrent mon « père et le bon siècle qu'il m'a retracé. »

Abril issic. M. Rayn. Choix, t. V, p. 345.

E trobey lay donas, per ver,
Que m fero rembrar mon paire,
E'l segle bos qu'en a fag traire.

Le seigneur Mataplana faisait aussi des vers. Nous avons dit, dans l'article de Miraval, que lorsque celui-ci fut en même temps joué par une coquette et abandonné par sa femme, Mataplana, quoique lié d'amitié avec lui, se moqua de son aventure dans une chanson, où il lui reprocha de s'être attiré son malheur par défaut de galanterie. On ne connaît pas cette chanson de Mataplana avec certitude, attendu que celle qui commence par *D'un sirventes m'es pres talens*, et qui pourrait être celle-là, a été aussi attribuée à Pierre Durand (1). Mais, quoi qu'il en soit, la réponse de

Supra, t. XVII, p. 467.

(1) M. Raynouard s'est décidé pour cette opinion (Choix, t. V, p. 312). Nous avons suivi cette autorité, dans le tome XVII, p. 467.

XIII SIÈCLE.

Miraval à Mataplana ne laisse pas lieu de douter qu'il n'ait existé en effet un sirvente quelconque de ce seigneur. Celui de Miraval commence par ces vers :

Mss. de Modène, fol. 132.
Mss. du Vatican, n. 5232, p. 206.

Grans mestiers m'es razonamenz,
Qi'eu a Mataplana envi,
Pois N' Uguet m'a mes el' cami.

Grand besoin j'ai d'une défense
Qu'à Mataplana j'envoie,
Puisque le seigneur Huguet m'a mis sur la voie.

Cette pièce est adressée à la dame Sancie, femme de Mataplana, que Miraval invite à punir son mari du reproche qu'il lui a fait d'avoir péché contre la galanterie, et des autres folies qu'il lui a dites.

Blacasset, fils de Blacas, poète comme son père, ayant inspiré de la jalousie à Mataplana dans quelque liaison d'amour, il s'ensuivit un duel littéraire; ou bien peut-être Mataplana feignit d'être jaloux pour donner sujet à une tenson. Le cartel de Mataplana fut conçu en ces termes :

Mss. de la Biblioth. Laurentiana.

En Blacasset, eu sui de noit
Vengut a vos, per combattre ades :
E vos del tot oblidarez
L'amor et la beltat de cella
Che vostre cors encob chap d'ella,
E metterez la a non m'en cal.
L'un prenez ch'al men vos desplai,
Breumen, ch'ieu non voill delai;
Per que l'enfern sens mi men val.
E voill sachaz che soi el diable
Lo plus crudel e'l plus penable.

Seigneur Blacasset, je suis de nuit
Venu à vous, pour combattre sur le champ :
Ou bien entièrement vous oublierez
L'amour et la beauté de celle
Dont votre cœur convoiteux raffolle d'elle,
Et la mettrez à non m'en soucie.
L'un prenez (des deux partis) qui moins vous déplaît,
Promptement, car je ne veux délai,
Vu que l'enfer sans moi moins vaut.
Et veux sachiez que je suis le diable
Le plus cruel et le plus impitoyable.

Mataplana semble avoir choisi un thème difficile pour embarrasser son adversaire, et ses vers n'ont guère d'autre mérite que celui de la difficulté vaincue. Blacasset répondit :

En Diables, vos es per dar e noit
As homes, an e giorn e mes;
E per aiso vengut vos es
A mi de noit sens lum d'estella.
Mas eu non tem menaza fella,
Ne ai paor d'esput venal;
Per che a vos mi combattrai.
Sil per cui eu vif, senes mai,
Me defendra d'ira e de mal;
E poi ch'il es ma desfensable,
Eu vos desfi sens dir plus fable.

Seigneur Diable, vous êtes (fait) pour donner et nuit
Aux hommes, et an et jour et mois;
Et pour cela venu vous êtes
A moi de nuit, sans la lumière des étoiles.
Mais je ne crains point menace felonne
Ni n'ai peur de crachat vénal.
C'est pourquoi contre vous je me battrai.
Celle pour qui je vis, sans autre,
Me défendra de votre colère, et de (tout) mal;
Et puisqu'elle est mon défenseur,
Je vous défie sans plus de paroles.

Mataplana non seulement cultivait la poésie, et se livrait aux divers amusements des troubadours, mais il se plaisait aussi à reproduire dans les réunions de son château, les cours d'amour plus particulières à la Provence proprement dite. Le troubadour Raimond Vidal de Bezaudun, dont nous parlerons plus tard, nous raconte une aventure réelle ou supposée, où Mataplana fut pris pour juge d'une question d'amour élevée, disait-on, entre deux dames du Limousin. Qu'il y ait quelque chose de vrai dans ce récit, ou que tout soit imaginaire, il ne nous montre pas moins les habitudes et les goûts du seigneur de Mataplana.

Raimond Vidal, pièce commençant par *En aquel temps*.
Mss. dit de Durfé, Bibl. roy. n. 2701, f. 127, col. 3 et 4.

« J'étais présent, dit le poète; le seigneur Hugues de « Mataplana était paisiblement dans sa maison. Auprès de lui « se trouvaient réunis de puissants barons, qui se livraient « à toutes sortes de plaisirs, de divertissements et de festins; « çà et là, dans la salle, cette compagnie la plus noble qu'on « puisse voir, jouait aux dâmes et aux échecs, sur des tapis « et des coussins verts, rouges, violets et bleus; là étaient « aussi des dames douces et courtoises. »

E'l senher N'Uc de Mataplana
Estei suau en sa mayzo,
E car y a man ric baro,
Ades lay troberatz manjan,
Ab gaug, ab ris et ab boban;
Per la sala e say e lay,
Per so car mot pus gen n'estay,
De joc de taulas e d'escacx,
Per tapitz e per almatracx
Vertz e vermelhs, indis e blaus,
E donas lay foro suaus....

« Arrive un jongleur jeune, svelte, bien vêtu, qui se présente « au seigneur Hugues, et chante des chansons fort goûtées « de toute l'assemblée; et il dit au seigneur Hugues : Re« cevez les nouvelles que je vous apporte : votre réputation « qui a pénétré au loin a engagé deux dames à vous prendre « pour juge dans une question d'amour. Il s'agit d'un cava« lier qu'une des dames accuse d'avoir failli envers elle, et « que l'autre veut retenir. Il conte alors le différend. Reposez« vous, lui dit le seigneur Hugues, je veux que vous obteniez « un jugement mûrement médité sur la question qui m'est « soumise (1). »

Vuelh qu'en portes a la razos
Que m'avetz dichas mo semblans.

Le lendemain, à la fraîcheur du matin, assis sur le gazon, Hugues prononce son jugement. Le cavalier, dit-il, doit revenir vers la première dame, malgré ses longues rigueurs, et renoncer à la seconde, malgré ses bontés pour lui.

« Il est bien vrai, ajoute Mataplana, qu'un cavalier fort « amoureux veut enfin obtenir merci. La première dame a « fait une épreuve indiscrète de la constance de son amant. « Elle a failli, cela est vrai, mais sa faute n'est point impar« donnable.

Falhic la dona, so es vers....
Mas no 'l forfetz per que 'l perdos
No y ai loc.

« C'est pourquoi je dis que le cavalier doit pardonner, « selon les lois de l'amour. »

(1) On peut voir le sujet du différend raconté plus au long dans Millot, tom. III, p. 277.

Per qu'ieu vos dic que perdonar
Fay à la dona son falhir,
Segon amors.

Tel fut le jugement. Mataplana l'autorisa par beaucoup de passages de troubadours, tels que Giraud de Borneilh, Faiditz, Miraval. Il semble que les lois mêmes de la galanterie sanctionnaient à cette époque le principe de la fidélité sur lequel reposait le gouvernement féodal. Être fidèle à sa dame et fidèle à son suzerain, ces deux obligations étaient presque également sacrées; l'une était l'appui de l'autre : aussi les troubadours disent-ils souvent qu'ils se sont donnés en fief à leur dame.

Au nombre des voisins de Hugues, était un autre seigneur, poète comme lui, nommé Guillaume de Bergédan, homme méchant, cruel, avili par ses débauches, et de qui nous allons parler tout à l'heure. Bergédan composa un sirvente contre Mataplana, où il l'accusait d'être sans foi et sans honneur. Mais ce seigneur étant mort au siége de Maïorque, Bergédan composa une complainte sur cet événement, et désavoua ses calomnies.

Pièce commençant par *Cossiros cant.* Rochegude, *Parnasse occit.* p. 155.

Marques, s'ieu dis de vos folor
Ni mots vilens ni mal apres,
De tot ai mentit e mespres.
Qu'anc pos Dieus basti Mataplana
No i ac vassal que tant valgues,
Ni que tan fos pros ni valens,
Ni tan onratz sobr'ls aussors,
Ja fosso ric vostr'ancessors :
E non o dic ges per ufana.

Bergédan dit dans cette pièce que les païens ont tué Mataplana, *Pagans l'an mort.* Ce mot confirme la tradition conservée dans un manuscrit cité par Millot, laquelle porte que ce seigneur périt au siége de Maïorque, où il avait accompagné le roi d'Aragon, Jacques Ier, et de là il suit qu'il mourut en 1229. É—D.

GUILLAUME DE BERGÉDAN.

Bastero, la Crusca prov. t. I, p. 85.
Crescimbeni, Del volg. poes. t. II, p. 191.
Millot, t. II, p. 125.

GUILLAUME DE BERGÉDAN ou BERGUÉDAN appartenait à une ancienne famille de Goths (1) qui avait possédé de vastes domaines, et qui notamment tenait en fief la ville de Berga. C'était un homme hautain, audacieux, turbulent, extrêmement dangereux pour ses voisins. En guerre avec un seigneur nommé Raimond Foulques de Cardona, et moins puissant que lui, il l'attaqua en traître, le surprit et le tua. Poursuivi et dépouillé de ses fiefs par le roi d'Aragon à cause de ce crime, il fut d'abord accueilli chez ses parents, et ne tarda pas à être renvoyé de partout, attendu qu'il attentait à la pudeur des femmes et des filles de toutes les maisons où il recevait l'hospitalité. Dans un duel avec Mataplana, de qui nous venons de parler, il fut grièvement blessé malgré ses rodomontades; et enfin, dit son historien, après maintes aventures de guerres et de femmes, et maintes rencontres fâcheuses, il fut tué par un simple piéton, *pois l'aucis uns peons;* fait que ce biographe relève, estimant apparemment qu'un seigneur de cette importance ne devait être tué que dans un combat à cheval.

Cet homme était poète, et il ne manquait point d'une certaine verve; mais toutes ses chansons portent l'empreinte de son caractère: il y a autant d'obscénité dans ses vers qu'il y avait d'arrogance et de cynisme dans ses mœurs.

La dame qu'il a le plus célébrée est la dame de Berga, femme de son beau-frère : c'est pour lui une grande joie d'avoir, dit-il, posé des cornes sur le chaperon du sire de Berga.

Gen li pausei los cornz el capeiron.

Il n'oubliera jamais, dit-il encore, le cordon de la jupe jaune que sa belle-sœur lui a donné. Cette liaison amèna un duel entre son beau-frère et lui. Il se vante d'avoir fait dans ce combat maintes belles attaques : il n'y fut pas le plus heureux; mais

(1) Cette qualité de *Goth* mérite d'être remarquée, quoique l'authenticité n'en soit pas parfaitement établie. On voit des Goths en France désignés par leur origine nationale, non seulement dans les rangs élevés de la société, mais encore parmi les ouvriers, jusqu'au sixième et au septième siècle. Les auteurs citent des monuments construits *manu gothica.*

se chagrine qui voudra, il réussit mieux la nuit suivante, car tout le profit fut pour lui :

Pièce commençant par *Trop ai estat.* Mss. de la Biblioth. roy. n. 7225, f. 192, v.

Per qu'el marritz et eu mesclem de guerra,
Don eu n'ai faitz man bons envazimenz;
Mieus fo 'l gazains la nueg; qui s vol s'esperga.

Entre les pièces galantes de Bergédan, nous citons celle-ci de préférence comme une des moins obscènes.

La chanson de ce poète contre Mataplana, cause ou suite de leur duel, est, au contraire, méchante et parfois ordurière; mais elle est gaie et spirituelle.

Pièce commençant par *Chansoneta.* Mss. de la Bibl. roy. n. 7225, f. 193 v.
Rochegude, Parnasse occit. p. 154.
Voy. ci-dessus, *Mataplana*, p. 570.

Cansoneta leu e plana
Leugereta ses afana,
Faray e de mo marques,
Del trachor de Mataplana,
Qu'es d'engans frazitz e ples,
Ah! marques, marques, marques,
D'engans etz frazitz e ples.

Chansonnette courte et facile,
Légère et sans apparat,
Je ferai de mon marquis,
Du fourbe de Mataplana,
Qui de tromperies est plein et farci.
Ah! marquis, marquis, marquis,
De tromperies vous êtes plein et farci.

Marques, qui en vos se fia,
N'i a amor ni paria,
Gardar se deu totas ves
Com que s'anc de clar dia;
De nueg ab vos non an ges.
Ah! marques, etc.

Toutes les strophes offrent les mêmes rimes et répètent le même refrain.

Bergédan se livre particulièrement à la satire; c'est là son goût. « Il m'a pris envie, dit-il dans une autre pièce, de « chansonner le marquis, non pour lui faire honte, ni lui « dire du mal, mais par un désir naturel qui m'en vient « dans le cœur. Que si je chante ainsi, il serait dur pour « moi qu'on pensât que ce soit très-sérieux, et que je dise « vilenie, par méchanceté et félonie. Mais qui sait faire des « vers tous d'un égal mérite et d'une exquise courtoisie? Il

XIII SIÈCLE.

« n'en est aucun en nulle terre qui ne chante d'amour et de « guerre. Je n'en ai pas (moi) assez appris pour n'avoir pas « besoin de sel, etc., etc. »

Pièce commençant par *Talans m'es pres.* Mss. de la Bibl. roy. n. 7225, f. 193. col. 2.

Talans m'es pres d'En marques,
No per anta ni per mal,
Mas per desir natural
Que m'en ven e per coratge.
Qu'ieu chan e si m'es salvatge
Qu'on pes de mon per cabal;
Que ja diga vilania
Per mal cor ni per feunia.
Mas qui sap far aitals motz
  Aissi engals totz
Maëstratz de cortezia?
Non es hom en nulla terra,
Pos chan d'amor ni de guerra.

Pero non ai tant apres
Qu'encar no i agues obs sal...., etc.

La chanson satirique est en effet le vrai talent de Bergédan. Celles de ce genre qu'il a composées contre l'évêque d'Urgel sont des plus libres et des plus sales qu'on puisse imaginer; mais il y a de la gaîté, de la verve et de l'originalité.

Il raconte dans une de ses chansons un différend élevé entre une jeune fille et lui; il adresse cette pièce à un seigneur pour qu'il juge la question, et celui-ci donne sa décision dans une chanson qui fait suite à la première. Ces deux morceaux servent à prouver l'usage si fréquent des troubadours, de choisir des juges pour prononcer sur les questions érotiques. M. Raynouard a cité à cet effet ce trait de la vie de Bergédan dans ses recherches sur les cours d'amour.

Rayn. Choix, t. II, p. 121.

L'époque de la mort de Bergédan n'est pas connue d'une manière précise; mais nous voyons que lorsqu'il eut été dépouillé de ses fiefs par le roi d'Aragon, et que, chassé de partout, il n'eut d'asile, suivant ce qu'il dit, *ni dans les plaines ni dans les montagnes*, il trouva un refuge auprès de Richard-Cœur-de-Lion, alors roi d'Angleterre; et d'un autre côté, sa complainte sur la mort de Mataplana nous montre qu'il vivait encore en 1229. Si donc le premier événement date de l'an 1189, ou de l'an 1194, ce qui est vraisemblable, il suit de ces deux faits qu'en 1229 il pouvait être âgé d'environ soixante-dix ans. C'est cette considération

Pièce commençant par *Un sirventes ai encar a bastir.* Mss. de la Bibl. roy. n. 7225, fol. 192 verso.

qui nous le fait placer immédiatement après Mataplana. Sa carrière poétique ne dut pas s'étendre beaucoup au-delà.

É—D.

PISTOLETTA.

Ce troubadour naquit en Provence; on ne dit point dans quel pays : *e fo de Proensa*. Il commença par accompagner Arnaud de Mareuil en qualité de jongleur; ensuite il composa lui-même des chansons dont les airs étaient fort goûtés, mais dont on estimait moins les paroles. Il paraît que dans ses voyages, il se porta à la cour de Montferrat, chez Boniface II. C'est là qu'il dut connaître le prince Thomas, comte de Savoie, né en 1177, beau-frère de Boniface, et qu'on crut prêt à se croiser avec ce seigneur en 1201. Quoi qu'il en soit, le prince Thomas prit pour Pistoletta beaucoup d'attachement; ce qui prouve que ce troubadour demeura long-temps auprès de lui à Turin, contribuant aux divertissements d'une cour brillante, où furent élevées notamment les six jeunes princesses, filles de Thomas, dont une, la belle Béatrix, épousa Raimond Bérenger IV, et vint faire l'ornement de la cour d'Aix.

Pistoletta nous fait connaître lui-même l'affection que le prince Thomas lui portait, dans un sirvente commençant par ce vers : *Manta gent fas maravelhar*, contre les mœurs des seigneurs de son temps.

Mas lo coms de Savoya m'a
Per amic, e tos temps m'aura,
Quar el es savis e membratz,
Et ama pretz et es amatz,
Et es de totz bos ayps complitz.

Mss. de la Bibl. roy. n. 7226, f. 336.

Mais le comte de Savoie m'a
Pour ami, et toujours il m'aura,
Car il est sage et plein de raison,
Il aime le mérite et il est aimé;
En toutes bonnes qualités il est accompli.

On ne peut douter qu'après avoir été honorablement accueilli à la cour du prince Thomas, Pistoletta n'ait été admis à celle de Raimond Bérenger, son gendre. Il eut aussi des rapports avec Jacques Ier ou Jaymes, roi d'Aragon, jeune prince, dit-il, qui renouvelle la gaîté dans sa cour. L'envoi est en ces termes :

« En Aragon va sans délai, ma chanson, là où ont pris « leur demeure toutes les nobles actions qui doivent honorer « un roi ; et salue de ma part, de Perpignan en haut, tous « les cavaliers et toutes les dames qui ont du penchant pour « l'amour. »

Après avoir long-temps fréquenté les cours, Pistoletta s'en retira, *e laisset d'anar per corts ;* il se maria à Marseille, ce qui peut faire croire qu'il y était né, et il se livra au commerce.

Thomas de Savoie mourut en 1233. En plaçant la mort de Pistoletta vers la même époque, nous ne croyons pas nous éloigner beaucoup de la vérité. Il reste quatre pièces de lui ; M. Raynouard en a publié deux entières et des fragments d'une autre ; la quatrième est celle qui est adressée au comte de Savoie. É—D.

LA DAME CASTELLOZE.

La vie de cette dame n'est connue que par l'amour qu'elle éprouva pour un seigneur aujourd'hui inconnu lui-même. « La dame Castelloze, dit le Biographe provençal, fut d'Au- « vergne, noble dame, femme de Truc de Mairona ; elle « aima le seigneur Armand de Bréon, et composa ses chan- « sons à son sujet ; c'était une dame fort gaie, bien enseignée « et très-belle : *Et era una domna mout gaia, mout ense-* « *gnada, et mout bella.* » Nous avons eu déja plusieurs fois occasion de faire remarquer cet éloge d'être *bien enseignée,* que les historiens des troubadours se plaisent à accorder aux dames du douzième et du treizième siècle. Cet enseignement des dames ne consistait guère que dans la lecture de quelques romans, dans l'art des vers et de la musique, et surtout dans le talent de la conversation et le ton de la bonne compagnie : nous le verrons encore rappelé dans des pièces composées avec l'intention particulière d'en donner des leçons ; mais c'était déja beaucoup que l'enseignement des dames pour parvenir à polir les mœurs des chevaliers eux-mêmes, et pour hâter les progrès de la civilisation générale.

La dame Castelloze paraît n'avoir composé des vers que pour exprimer la passion amoureuse qui la dominait. Trois chansons, ou plutôt trois odes érotiques, qui nous restent d'elle, peignent toutes trois le même sentiment, et s'adressent évidemment au même cavalier. Toutes trois sont pleines de poésie, parce que le cœur qui les a dictées était apparemment plein d'amour. Castelloze gémit sur l'abandon qu'elle tremble d'éprouver; elle prie, elle sollicite son amant, et se demande sans cesse à elle-même quel nouveau sacrifice elle pourrait lui faire pour le captiver.

Ja de chantar non degr' aver talan,
Car on mais chan
E pietz mi vai d'amor;
Que plaing e plor
Fan en mi lor estatge.
Car en mala merce
Ai mes mon cor e me,
E s' en breu no me rete,
Trop ai fag long badatge.

Jamais de chanter ne devrais avoir désir,
Car plus je chante
Et pire me va d'amour;
Que plaintes et pleurs
Font en moi leur demeure :
Car en méchante merci
J'ai mis mon cœur et moi,
Et si dans peu je ne me retiens
Trop j'aurai fait longue attente.

Ai! bels amics, sivals un bel semblan
Me faitz enan
Qu'eu muoira de dolor;
Que l'amador
Vos tenon salvatge
Qu'a joia no m'ave,
De vos don no m recre,
D'amar per bona fe,
Tots temps, ses cor volatge....

O bel ami, du moins un beau semblant
Faites-moi avant
Que je meure de douleur;
Car les amoureux

Vous tiennent pour barbare,
Qu'à joie (rien) ne m'arrive
De vous que je ne me lasse
D'aimer de bonne foi,
A toujours, sans cœur volage.

Si pro i agues, be us membri en chantan
Q'aic vostre gan
Qu'enblei ab gran temor,
Pueis aic paor
Que i aguessetz dampnatge
D'aicella que us rete,
Amics, per qu'ieu dese,
Li torniei, car ben cre
Que no i ai poderatge.

Si j'y eusse avantage, bien vous rappelle en chantant
Que j'eus votre gant
Que je dérobai avec grande frayeur,
Puis j'eus peur
Que vous n'en eussiez dommage
De celle qui vous captive,
Ami, c'est pourquoi sur-le-champ
Je le lui renvoyai, car bien je crois
Que je n'y ai seigneurie.

On retrouve dans toutes les strophes, avec l'expression de la même passion, des sentiments également délicats; toutes sont écrites avec la même grace, versifiées avec la même facilité.

Dans une autre de ces pièces, la dame Castelloze dit à son ami :

Amics, s'ie us trobes avinen,
Humil e franc e de bona merce,
Be us amera, quant era m'en sove
Qu'ie us trob vas mi e mal e fel e tric;
E fauc chansons per tal que fass' ausir
Vostre bon pretz, don eu no m puesc sofrir
Qu'eu no us fassa lauzar a tota gen,
On plus mi faitz mal et asiramen.

Ami, si je vous trouvais gracieux,
Doux et loyal, et de bonne merci,
Bien je vous aimerais, quand maintenant je songe
Que je vous trouve envers moi dur, félon et traître,
Et que je fais des chansons, afin de célébrer
Votre mérite, dont je ne puis cesser
Que je vous fasse louer de tout le monde,
Tandis que vous me faites toujours plus de mal et de tourment.

La troisième pièce qui commence par ces deux vers :

Mout avetz fag lonc estage,
Amics, pos de mi us partitz;

se termine par l'expression de ce sentiment tendre : « Si « jamais vous avez fait envers moi quelque manquement, je « consens à votre pardon de bonne foi, et je vous prie que « veniez auprès de moi, dès que vous aurez entendu ma « chanson, et je vous fais assurance que vous y trouverez « bon visage. »

De pois qu'eus auretz auzida
Ma chanso; qu'eus fatz fiansa
Sai trobetz bella semblansa.

Mss. de la Bibl. roy. n. 7225, ch. 526.

Nous voudrions donner ces trois pièces en entier, mais elles occuperaient trop de place. D'ailleurs le texte de la troisième est très-corrompu en plusieurs endroits. M. Raynouard a publié les deux premières. M. de Rochegude les a données aussi dans son *Parnasse occitanien*.

Rayn. Choix, t. III, p. 368 et suiv.

Parnasse occ. p. 245.

On placera incontestablement la dame Castelloze à côté de la célèbre comtesse de Die. Leurs poésies sont sans contredit les chefs-d'œuvre des dames troubadours. É—D.

BERNARD.

Le troubadour nommé Bernard ou Bernart, sans autre désignation, n'est connu que par deux tensons, l'une avec Faidit, l'autre avec Élias d'Uissel.

Dans sa tenson avec Faidit, il défend les femmes en général contre les déclamations que son adversaire s'était permises.

Gausselm, no m puesc estener
Qu'ab vos iratz no m contenda,
Que talan ay que defenda
Las domnas a mon poder,
Que vos aug descaptener;
Qu'una m rent cortez'esmenda
Que m'avia fag doler;
Per qu'ieu en lor captener
Tanh que mos bels ditz despenda....

Rayn. Choix t. IV, p. 19.

Gausselm, je ne me puis retenir
Qu'avec vous, irrité, je ne dispute;
Je me sens porté à défendre
Les dames, selon mon pouvoir,
Que je vous entends déprécier;
Car une d'elles me rend courtoise réparation,
Qui m'avait fait souffrir;
C'est pourquoi à leur service
Il convient que j'emploie mes (plus) belles paroles.

Faidit répond que les femmes vendent souvent leur amour; eussiez-vous, dit-il à Bernard, mille marcs de rente, vous pourriez bien vous y ruiner,

Que ben poiratz dechazer
S'aviatz mil marcx de renda.

Bernard réplique:

Gausselm, no us detz plus paor
De mi qu'ieu eys ni temensa;
Qu'en tal domn'ay m'entendensa,
Cui ser e prec e azor,
Que sap valer part valor:
Mas vos y faitz gran falhensa,
Quar descaptenes amor;
Qu'amar melhura el melhor,
Et l'aut auss', e'l gensor gensa.

Gausselm, ne vous donnez pas plus de crainte
De moi, que je n'en ai moi-même, ni de peur;
Car à telle dame j'ai donné mon cœur,
Que je sers, que je prie, que j'adore,
Qui sait valoir plus que la valeur (ordinaire):
Mais vous y faites grande erreur,
Quand vous dépréciez l'amour;
L'amour améliore les meilleurs,
Il élève les parfaits, il donne aux plus gracieux plus de graces.

Faidit ajoute qu'il a de l'expérience, et qu'il connaît les fourberies des femmes.

Fan lo for del brezador,
E tornon hom en folor.

Elles font le jeu de l'oiseleur,
Et entraînent l'homme dans la folie.

XIII SIÈCLE.

Bernard continue :

Gausselm, e com'auzatz dir
Qu'enjans sia en amor fina
Vas cui tot lo mons aclina?
Qu'ela fai gent esbaudir
L'irat, e'l paubr' enrequir
Ab una cuenda metzina;
Que ja pueis, al mieu albir,
Hom no pot dolor sentir,
Mas ela'l sia vezina.

Gausselm, comment osez-vous dire
Qu'à pur amour s'allie fourberie,
(A pur amour) à qui l'univers est soumis?
C'est lui qui fait doucement se réjouir
L'affligé, et enrichir le pauvre
Par un agréable remède :
Que plus jamais, à mon avis,
Homme douleur ne peut ressentir,
Que seulement ce remède approche de lui.

Cette pièce est, comme on voit, également remarquable par la délicatesse des pensées et par la grace du langage.

Nous relèverons encore ici ce vers :

Tanh que mos bels ditz despenda,

Il convient que j'emploie mes (plus) belles paroles.

Il ne faut point y voir un aveu échappé à l'orgueil du poète : c'est bien plutôt une preuve du soin qu'il apportait à épurer sa langue et à élever son style. Ce mérite est celui dont les troubadours se vantent le plus souvent.

Dans sa tenson avec Élias d'Uissel, Bernard demande lequel de deux amants aime le mieux sa dame, de celui qui parle d'elle à tout le monde, ou de celui qui, au contraire, n'en parle jamais, et resserre tous ses sentiments dans son cœur. Élias répond que le plus amoureux est celui qui ne peut captiver son secret. Bernard pense, au contraire, que c'est celui qui cache son amour en lui-même, et garde son secret par ménagement et par respect pour sa dame.

Pièce commençant par *N'Elias de dos amadors*. Mss. de la Bibl. roy. n. 7226, ch. 202.

Les historiens ne nous ont transmis aucune notion sur la vie du poète Bernard; mais ces deux tensons nous indiquent suffisamment l'époque où il florissait. Faydit étant mort vers l'an 1218, et Élias d'Uissel ayant promis au légat du pape,

Rayn. Choix, t. IV, p. 19.

7

XIII SIÈCLE.

avant l'an 1209, de ne plus composer de vers, il s'ensuit que les deux tensons de Bernard datent à peu près de ces époques; et nous supposons d'après cela que sa mort peut avoir eu lieu vers 1227 ou 1230. E—D.

Voy. t. XVII, p. 555.

AZÉMAR LE NOIR.

Azémar ou Azimar le Noir doit être distingué d'avec Guillaume Adhémar, célébré par le moine de Montaudon, et dont il a été question dans le tome XIV, du présent ouvrage. Azémar dit *le Noir* naquit à Château-Vieux-d'Albin. Ce fut, dit son biographe, un homme courtois et parlant bien, *cortes hom fo e gen parlans*. On remarquera combien cet éloge d'avoir été un homme *parlant bien, parlant un langage choisi, lengua issernida*, revient fréquemment dans les biographies des troubadours. Un langage élégant, des vers harmonieux, c'était là une des principales parties de leur mérite. Azémar fut très-estimé des gens de qualité, *e fo ben honrat entre la bonas gens*. Pierre II, roi d'Aragon, et le comte de Toulouse, Raimond VI (*aquel que fon dezeretatz*), lui témoignèrent particulièrement leur estime. Ce dernier l'enrichit, en lui donnant des maisons et des terres à Toulouse et dans les contrées environnantes.

Tom. XIV, p. 567.

Il subsiste quatre pièces de ce troubadour. L'une est une tenson entre Perdigon, un interlocuteur nommé Rambaud et lui. Les trois autres sont des chansons d'amour.

Mss. de la Bibl. roy. n. 7225, f. 159; mss. 7698, f. 225.

Dans la tenson, c'est Rambaud, vraisemblement Rambaud de Vachères, qui propose la question, et c'est par cette raison qu'elle est portée sur son nom dans les manuscrits. Seigneur Azémar, dit ce poète, choisissez entre trois barons celui que vous estimez le plus; Perdigon répondra après vous. L'un des trois barons est gai, généreux, mais orgueilleux (*et ufaniers*). Le second est adroit, bon guerrier, généreux, mais pas autant que le premier. Le troisième tient grande table, manie bien la lance, et se fait admirer par la magnificence de ses habillements. Azémar donne le prix au second, Perdigon au premier, Rambaud au troisième. Cette pièce n'aurait rien de remarquable, si Rambaud ne semblait donner dans son choix la préférence aux seigneurs français. Perdigon lui en fait un reproche :

En Raimbautz, mantenga sels de Fransa,
Car mas crei a totz lor cossiriers.

Que le seigneur Rambaud défende ceux de France,
Car il préfère en toute chose leur sentiment.

Ce même Perdigon changea ensuite de parti.

Les trois autres pièces d'Azémar sont des chansons d'amour. Ce poète est du nombre de ceux qui, en chantant, semblent célébrer ou du moins prévoir leurs jouissances. Il s'explique là-dessus dans des termes qui n'ont rien d'équivoque; c'est ce qu'on peut voir dans une pièce commençant par *De solatz*. Une de ses chansons, écrite avec facilité et avec grace, a été traduite en entier en vers par M. de Rochegude. Nous nous bornons par cette raison à en donner la première strophe. Parnasse oc-cit. p. 359-361.

Ja ogan pel temps florit
Ni per la sazon d'abril,
No fera mon cant auzir, Mss. de la Bibl. roy. n. 7225, f. 138 verso.
Ma cella que s fai grazir
A tot lo mont et a Deu,
M'a mes en sa seingnoria
E vol que totz temps mais sia
Totz mos afars en son fieu.

Plus désormais au temps fleuri
Et dans la saison d'avril,
Ne ferai mon chant ouïr;
Mais celle qui sait paraître aimable
A tout le monde et à Dieu,
M'a mis en sa seigneurie;
Elle veut qu'à toujours de plus en plus soit
Tout ce qui m'appartient en son fief.

Il n'est pas besoin de dire que les rimes des deux premiers vers, *florit, abril,* se trouvent dans les vers correspondants de chacune des strophes suivantes.

L'envoi de la chanson commençant par *Era m vai* est adressé au jeune roi de Castille. Mss. de la Bibl. roy. n. 7225, f. 139. Rayn. Choix, t. V, p. 67.

Chansos l'enfant me saluda
De Castella qu'eu enten
C'om no'l val de son joven.

Chanson (va, et) salue-moi l'infant
De Castille, lequel je maintiens
Que nul homme ne le vaut dès son jeune âge.

Ce prince est évidemment Henri Ier, monté sur le trône, en 1214, âgé de dix ans, à la mort d'Alphonse IX, son père, et mort en 1217, à l'âge de treize ans. Le troubadour Rambaud est, comme nous l'avons dit, Rambaud de Vachères, qui quitta la cour d'Orange pour aller en Italie en 1193 ou 1194. Ce dernier poète, Perdigon et Azémar se seront rencontrés chez Guillaume IV, prince d'Orange; c'est là qu'aura eu lieu leur tenson. La carrière poétique d'Azémar s'étend par conséquent, en ce qui nous est connu, de l'an 1190 ou environ à l'an 1217. Ce poète est un de ceux qui s'illustrèrent avant la guerre des Albigeois, et qui moururent peu après cette guerre ou pendant sa durée. Toutes ces considérations nous permettent de placer sa mort vers l'an 1230. E—D.

FOLQUET DE MARSEILLE.

MORT EN 1231.

TANDIS que des troubadours distingués en général par leur talent, tels que Raimond de Miraval, Bernard de la Barthe, Rainols, Richard de Tarascon, Sicard de Marjevols, Tomiers et Palazis, Guillaume Anélier, et d'autres dont nous ferons bientôt mention, savoir: Montagnagout, Durand de Pernes, Guillaume Figuières, publiaient d'énergiques sirventes contre la guerre des Albigeois, il y en eut aussi quelques-uns, toutefois en petit nombre, qui se jetèrent dans le parti contraire. A la tête de ces derniers, se signala par ses excès le poète Folquet, connu d'abord sous le nom de Folquet de Marseille, et ensuite plus célèbre sous celui de Foulques, archevêque de Toulouse, lorsqu'il eut été élevé aux fonctions épiscopales. Il faut le supposer de bonne foi dans son zèle religieux; mais en ce cas on est obligé de reconnaître que la hauteur et la violence de son caractère l'emportèrent bien au-delà des bornes où la raison et, du moins, la reconnaissance envers Raimond VI, son bienfaiteur, auraient dû le retenir. Après avoir donné la moitié de sa vie à la galanterie, il livra sans retenue l'autre moitié à la cause de la tyrannie, du meurtre et de la spoliation; et malheureusement pour sa renommée, il en profita. Il faut ajouter que la nature l'avait doué d'un talent poétique assez remarquable. Amant passionné des dames, apôtre fougueux de l'inquisition, il ne cessa de composer des vers qui portèrent l'empreinte de ses passions successives.

Folquet, nommé quelquefois Foulques, en latin *Fulco,* et communément, surtout comme troubadour, *Folquet de Marseille,* naquit dans cette ville vers l'an 1160. Son père, nommé Amphoux ou Alphonse, négociant, natif de Gênes, mourut jeune, et lui laissa une fortune suffisante pour qu'il pût vivre dans l'aisance. Dominé par le goût des vers, il se fit troubadour. Les amusements et l'éclat de la cour d'Alphonse Ier, comte de Provence, la munificence de ce prince, et son amour pour la poésie, attiraient alors auprès de lui, dans la ville d'Aix, un grand nombre de ces poètes qui en augmentaient la célébrité. « J'ai vu, disait Pierre Vidal, cette « cour du roi Alphonse, père du prince qui règne aujour- « d'hui, et j'y ai reçu tant de bons exemples, que j'en suis « devenu meilleur.... On voulait bien y écouter ce que « je savais. Si vous y aviez été, vous y auriez vu ce siècle « heureux dont vous a parlé votre père, où brillaient les « hommes généreux et amoureux. Vous y auriez entendu, « comme moi, les troubadours conter comment ils étaient « fêtés et entretenus dans les cours qu'ils visitaient. Vous y « auriez vu tant de brillants équipages, tant de palefrois « portant des brides dorées et des selles ornées de flocons, « que vous en auriez été dans l'admiration. Il y venait des « seigneurs d'outre-mer, il en venait d'Espagne; le roi Al- « phonse les recevait tous avec joie et les comblait de mar- « ques de sa générosité. Vous y auriez trouvé Diégo dit *le* « *bon,* Jaufret de Gambérès dit *le courtois,* le comte Ferrand, « et son frère, qui savait plus de choses que je ne pourrais « vous le dire, etc. » C'est dans cette cour, auprès de Pierre Vidal, de Faidit, de Pierre d'Auvergne, du premier Bertrand d'Allamanon et de beaucoup d'autres poètes, que Folquet dut faire les premiers essais de son talent.

Pièce commençant par *S'al cor plagues;* strop. 1. Rayn. Choix, t. III, p. 156, 157.

Pierre Vidal. *Abril issic.* Mss. de la Bibl. roy. n. 7701.

Il reçut un accueil également bienveillant chez Barral des Baux, vicomte de Marseille. La femme de ce seigneur, Alazaïs ou Adélaïde de Roquemartine, de la maison des Porcelets, était d'une rare beauté, si nous en croyons Pierre Vidal, qui paraît avoir été passionnément amoureux d'elle.

XIII SIÈCLE.

Folquet, à qui elle inspira aussi une vive passion, fit beaucoup de vers pour elle; et quoiqu'il fût très-gêné dans l'expression de ses sentiments, attendu que, suivant les lois de cette époque, c'était un acte de félonie que de tenter de séduire la femme de son seigneur, il lui laissa voir jusqu'où allaient ses prétentions. Alazaïs, femme vertueuse, aimait sincèrement son mari. Elle avait fait chasser de sa maison Pierre Vidal qui, l'ayant trouvée endormie, s'était mis à genoux auprès d'elle, et lui avait dérobé un baiser sur la bouche. Folquet était bel homme, dit son historien provençal, *e molt fo avinens de la persona;* mais pour cette fois cet avantage lui fut inutile. Il essaya d'inspirer de la jalousie à la vicomtesse. Deux sœurs de Barral, l'une nommée Laure de Saint-Julien, l'autre Mabile de Pontevès, étant venues à Marseille, il feignit d'être amoureux de ces deux dames, et fit des vers pour toutes deux. Cette tentative produisit un mauvais effet. Soit rigidité de principes, soit dépit de voir adresser à d'autres l'hommage poétique qui lui avait été consacré jusqu'alors exclusivement, Alazaïs courroucée fit défendre à Folquet sa présence.

Il jura alors dans son chagrin qu'il ne ferait plus de vers, et cependant il se porta auprès de Guillaume VIII, vicomte de Montpellier, dont la cour était une des plus fréquentées des hommes de talent de cette époque. Eudoxie Comnène, fille de l'empereur Manuel, première femme du vicomte, se trouvait encore auprès de lui. Cette princesse, que les troubadours disaient *le chef de toute courtoisie et de tout enseignement*, n'eut pas de peine à le faire renoncer à son serment de ne plus rimer. Elle lui demanda des vers pour elle-même, et c'est alors qu'il composa la chanson qui commence par ces mots :

D. Vaissette, Hist. du Languedoc, t. III, p. 141.

Tan mov de corteza razo
Mon chan, per que no i dei falhir.

Tant se meut par courtoise raison
Mon chant, que raison n'y doit faillir.

Mss. de la Bibl. roy. n. 2701. Parnasse occit. p. 62.

C'est encore auprès d'Eudoxie qu'il paraît avoir composé la pièce qui commence par ce vers :

Sitot me soi a tart aperceubutz,

Rayn. Choix, t. III, p. 153.

où il disait, au sujet de sa passion pour Alazaïs : « Quoique

« je sois trop tard devenu sage, semblable à un joueur qui « ayant tout perdu jure de s'abstenir du jeu, je dois aujour« d'hui me confier à ma bonne aventure, car je reconnais « la tromperie que m'a faite amour, qui, avec de beaux sem« blants, m'a tenu en espérance plus de dix ans, tel qu'un « méchant débiteur qui maintenant promet, et jamais rien « ne paierait :

Qu'ab bel semblan m'a tengut en fadia
Plus de detz ans, a lei de mal deutor
Qu'ades promet, mas re non pagaria.

« Par le beau semblant que faux amour amène, le fol « amant est entraîné vers lui et captivé; comme le papillon « de si folle nature, qu'il se précipite dans le feu par la « clarté qui luit : c'est pourquoi je m'en sépare, et suivrai « une autre route, mal payé que je suis, moi qui autrement « ne m'en serais jamais séparé; j'imiterai l'homme patient « qui s'attriste fort, autant que fort il s'humilie.

Ab bel semblan que fals' amors adutz
S'atrai ves leis fols amans e s'atura
Col parpaillos qu'a tan folla natura
Que s fer al foc per la clarda que lutz :
Per qu'ieu m'en part, e segrai autra via ;
Soi mal pagatz qu'estiers no m'en partria,
E segrai l'aip de tot bon sofridor
Que s'irais fort si com fort s'umilia.

C'est en parlant à Alazaïs qu'il disait auparavant, dans la jolie chanson qui commence par *Tan m'abellis :*

E s'a vos platz qu'en altra part me vire
Ostatz de vos la beltat e'l gen rire,
E'l dolz parlar que m'afolis mon sen ;
Pois partir m'ai de vos, mon escien.

Rayn. Choix, t. III, p. 149.

Et si à vous plaît qu'en autre part me tourne,
Otez de vous la beauté et le gent rire,
Et le doux parler qui m'afolle mon sens :
Puis, *séparer me ai* (*me aurai*) de vous, à mon escient.

Trad. de M. Rayn. Gramm. roman. p. 221.

Dans la chanson commençant par *Tan mov de corteza razo*, il appelle la vicomtesse de Montpellier, *l'impératrice*, à cause de l'usage de cette époque de donner aux femmes le titre de leur père.

XIII SIÈCLE.

« Je chanterai, dit-il, puisque l'impératrice m'en requiert, « car il ne convient point qu'à son ordre mon savoir soit « paresseux et nonchalant.

Il se plaint dans cette pièce de ce que les jaloux prétendent que sa dame l'a abandonné, et qu'il a lui-même porté ses affections ailleurs, ce qui est, dit-il, une fausseté.

Mss. de la Bibl. roy. n. 2701, f. 51; n. 7225, ch. 224; n. 7698, f. 1 verso. Parnasse occit. p. 62.

Quar an dig, so que vers no fo,
Que' l bella cui ieu obedis
Me relinquis,
E cuja qu'alhors ai aissis
Mon pensamen.

Ce passage se rapporte au couplet que le moine de Montaudon avait fait contre lui dans sa satire sur des troubadours de son temps, dont nous avons parlé au volume précédent.

Hist. littér. t. XVII, p. 566.

Oubliera-t-il sa dame? Non certes, quoiqu'en songeant à elle, il se tourmente de plus en plus;

Qu'en pensan remir sa faisso,
Et en remiran ieu languis,
Quar ela m dis
Que no m dara so qu'ieu l'ai quis
Tan longamen.

Il jure, au contraire, qu'il ne cessera jamais de l'aimer, quoiqu'il l'ait si long-temps adorée sans voir s'accomplir le plus ardent de ses vœux. Il l'aimera comme un larron; il la tiendra en prison, cachée en lui-même, qu'elle le veuille ou non.

Il y a dans l'expression de l'amour de Folquet de la vivacité, de l'imagination, de la variété. La coupe de ses strophes a du mouvement et de la grace. Il est plus ou moins amoureux; mais, du moins, il donne à l'expression de son amour des formes spirituelles.

En chantan m'aven a membrar
So qu'ieu cug chantan oblidar;
E per so chant qu'oblides la dolor
E'l mal d'amor;
Mas on plus chan plus m'en sove;
Qu'a la boca nulha res no m'ave
Mas de merce:
Per qu'es vertatz, e sembla be
Qu'ins el cor port, domna, vostra faisso
Que m chastia qu'ieu no vir ma razo.

Rayn. Choix, t. III, p. 159.

En chantant me revient à l'esprit
Ce qu'en chantant je crois oublier;
Et pour cela je chante, pour oublier la douleur
Et le mal d'amour;
Mais plus je chante plus il m'en souvient,
Car à la bouche rien ne me vient
Sinon (le mot) de merci :
Tant il est vrai et me semble bien
Que je porte dans mon cœur, dame, votre image
Qui me tourmente (et Dieu veuille) que je n'en perde la raison.

Les dix années de l'amour de Folquet pour Alazaïs nous donnent très-approximativement la chronologie de la première moitié de sa vie ; car Eudoxie, mariée à Guillaume VIII en 1174, ayant été répudiée en 1187, époque où déja Alazaïs était morte, il est plus que vraisemblable que la visite de ce poète à Montpellier eut lieu entre les années 1180 et 1184; ce qui place sa naissance vers l'an 1155, même en admettant quelque exagération sur la durée de son premier amour.

D. Vaissette, t. III, p. 38, 69, 108.
Ruffi, Hist. de Marseille, p. 76.

Après son séjour à Montpellier, Folquet alla visiter le roi Richard Cœur-de-Lion; Raimond V, comte de Toulouse; Alphonse II, roi d'Aragon, le même prince qui régnait en Provence sous le titre d'Alphonse Ier, et Alphonse IX, roi de Castille.

Richard était déja à cette époque roi d'Angleterre, ce qui n'eut lieu qu'au mois de septembre de l'an 1189, et il n'était pas encore parti pour la croisade, puisqu'il ne s'embarqua qu'en 1190. C'est par conséquent à la fin de l'année 1189 ou au commencement de 1190 que Folquet se trouvait à Poitiers. Le légat du pape avait excommunié Richard, sur ce qu'après avoir prêté serment de partir pour la Terre-Sainte, il n'avait point encore pris la croix. Folquet, dans une chanson d'amour, disculpe ce prince, et la chanson, graces à sa forme, devient un manifeste qui va, chez tous les seigneurs et même parmi le peuple, faire connaître les vrais sentiments du roi Richard. Telle était alors la puissance de la chanson.

Mas qu'el bon rey Richart, de cui ieu chan,
Blasmet per so quar non passet desse,
Ar l'en defen, si que cascus o ve
Qu'areire s trais per miels sàlhir enan :
Qu'el era coms, ar es ricx reys ses fi,
Quar bon secors fai dieus al bon voler;
E parec ben al crozar qu'ieu dic ver,
Et ar vei hom per qu'adonc no menti.

Mss. 7226, f. 1 verso. Pièce commençant par *Ah! quantgens.*
Rayn. Choix, t. III, p. 161, 162.

« Et ce bon roi Richard pour qui je chante, quiconque « jamais l'a blâmé de n'avoir pas passé la mer sur-le-champ, « est aujourd'hui son défenseur, quand chacun voit qu'il « s'est retiré en arrière pour se mieux lancer en avant : il « était comte, il est roi, puissant, et ennemi du repos. A « bon vouloir, Dieu donne bon secours. On voit bien que « sur son embarquement je dis la vérité, et aujourd'hui tout « homme juge que lui-même n'a jamais menti. »

A Toulouse régnait encore Raimond V, mort seulement en 1194, et que les troubadours appelaient *le bon Raimond.* Ce prince accueillit Folquet avec bienveillance, et goûta son talent, *E fon fort grazitz per lo bon comte Raimon de Toloza.*

Une de ses pièces signale son séjour auprès du roi d'Aragon. C'est celle qui commence par *Ben an mort,* où il remercie ce prince, son seigneur, de l'avoir retiré de son affliction.

Son séjour auprès d'Alphonse IX, roi de Castille, fut marqué par un grand événement; ce fut la bataille d'Alarcos où ce prince fut défait par les Maures, avec une perte immense, le 18 juillet 1195. Cette fameuse bataille sembla menacer la sûreté de toutes nos provinces méridionales. Folquet, alors auprès du roi Alphonse, était devenu son ami : *Era molt amicx del rei de Castela.* Il ne lui fut pas inutile dans cette pénible circonstance. Un énergique sirvente, tout à la fois politique et religieux, reprocha aux princes, aux barons et aux peuples leur léthargie, et les somma de venir à la défense de la chrétienté. L'historien provençal appelle justement cette pièce de vers une *prédication ; si fes una prezicansa per confortar los baros e la bona gen que deguesson socorre al bon rei de Castela.*

« Désormais, s'écriait le poète en débutant, il n'est plus « de prétexte dont nous puissions nous couvrir, si nous « voulons enfin servir Dieu. Notre propre intérêt nous ap- « pelle autant que le dommage que Dieu lui-même peut « souffrir. Nous avons d'abord perdu le saint-sépulcre, et « maintenant nous abandonnons l'Espagne qui va se per- « dant. Contre le voyage de par de là, on trouvait une « excuse; mais de ce côté, du moins, nous ne craignons « mer ni orage : hélas! comment recevrions-nous plus « forte semonce, à moins que Dieu ne vienne mourir pour « nous une seconde fois!

Hueimais no y conosc razo
Ab que nos poscam cobrir,
Si ja Dieu volem servir;
Pos tant enquer nostre pro
Que son dam en volc sufrir;
Qu'el sepulcre perdem premeiramen,
Et ar suefre qu'Espanha s vai perden :
Per so quar lai trobavon ochaizo,
Mais sai sivals no temem mar ni ven.
Las! cum no s pot plus fort aver somos,
Si doncz no fos tornatz morir per nos!

Mss. de la Bibl. royale, n. 2701, ch. 93.
Rayn. Choix, t. IV, p. 110.
Parnasse occit. p. 56.

Toutes les strophes respirent le même sentiment exprimé avec la même force. Cette énergique prédication ne demeura pas sans effet. Déja le roi d'Aragon, *qui ne peut faillir,* dit le poète, avait promis des secours. Il en vint dans la suite de plus considérables. Mais ces guerres ne sont point de notre sujet.

Le sirvente de Folquet forme, par l'époque à laquelle il appartient, comme par son caractère, une transition entre la vie mondaine de ce poète et sa vie apostolique. Vers la fin de l'année 1196, temps où nous sommes parvenus, Folquet avait perdu plusieurs des illustres personnages auxquels il paraît avoir été le plus attaché. Alazaïs, Barral, mari de cette dame, Raimond V, comte de Toulouse, Alphonse, roi d'Aragon et comte de Provence, n'existaient plus. Son biographe pense que c'est la douleur causée par ces pertes réitérées qui le détermina à quitter le monde, *don el per tristeza abandonec lo mon.* Quoi qu'il en soit, de retour à Marseille vers cette époque, il obligea sa femme à se faire religieuse, dans l'ordre de Cîteaux, il y entra lui-même, et y consacra ses deux fils avec lui.

On voit par là qu'il était marié. C'est vraisemblablement la dame *Azimans, celle qui aime,* à laquelle sont adressées plusieurs de ses chansons, qui était sa femme. Ce fait diminue beaucoup l'intérêt qu'aurait pu faire éprouver son amour pour Alazaïs, et celui qu'il eût inspiré lui-même.

A cette époque, tout homme qui se vouait à l'Église, s'il se rendait célèbre par quelque talent particulier, soit qu'il fût poète, théologien, peintre, sculpteur, architecte, manquait rarement de parvenir à des grades élevés; on le voyait évêque, chanoine, abbé, prieur du moins de son couvent. L'avancement de Folquet ne se fit pas long-temps attendre. Papon dit avoir vu une charte d'Alphonse II,

Papon, Hist. de Provence, t. II, p. 395.

XIII SIÈCLE.

comte de Provence, du mois de janvier 1197, signée par lui en qualité d'abbé du Thoronet (1), abbaye de l'ordre de Cîteaux, située dans le diocèse de Fréjus; ainsi, à peine entré dans cet ordre, il y jouissait déja d'un rang distingué.

Peu de temps après, les troubles religieux qui amenèrent la guerre des Albigeois ayant commencé, il arriva, par une circonstance singulière, que les deux légats du pape Innocent III, chargés de la direction des affaires ecclésiastiques dans le Languedoc, étaient l'un et l'autre moines de Cîteaux. En 1205, Raimond de Rabastens, évêque de Toulouse, connu pour son attachement à Raimond VI, ayant été déposé par ces deux légats, aussitôt après le chapitre élut Folquet à sa place. Il ne pouvait faire un choix plus conforme aux vues de la cour de Rome. Folquet, par son caractère passionné, hautain, atrabilaire, comme par ses talents, était un des hommes les plus propres à servir la cause à laquelle il allait se vouer : aussi, quand le légat Pierre de Castelnau, près d'expirer, apprit son élection, s'écria-t-il en levant les mains au ciel, qu'il mourait content.

Peu de temps après l'installation de ce nouveau prélat, les évêques des états de Raimond VI, voyant que le nombre des missionnaires était fort diminué dans leur pays depuis la mort de Castelnau et du frère Raoul, légats du pape, et celle de l'évêque d'Osma, amené en France par saint Dominique, envoyèrent une députation au saint-siége pour demander de nouveaux secours spirituels et temporels : les députés furent Folquet et Navarre, évêque de Conserans, auxquels s'adjoignirent Guillaume IV, prince d'Orange, et le troubadour Perdigon.

Dès ce moment, Folquet ou plutôt Foulques (c'est ainsi que nous l'appellerons dorénavant, attendu qu'il est ainsi nommé dans les histoires ecclésiastiques), dès ce moment, disons-nous, Foulques chassa de son esprit tous les témoignages de bienveillance et d'amitié dont Raimond V et Alphonse Ier l'avaient honoré; il ne vit dans Raimond VI et dans Pierre II, roi d'Aragon, leurs fils, que des princes qui se refusaient à l'extermination des hérétiques, que des rebelles qui ne se soumettaient pas implicitement à la domination du clergé, et il devint le plus acharné de leurs ennemis. « Son zèle outré, dit Papon, lui fit souvent oublier ce qu'il

Papon, Hist. génér. de Provence, t. II, p. 395.

(1) On lit dans la *Gallia christiana* qu'il prit l'habit de religieux en 1199 (tom. XIII, col. 25). Cette assertion n'est pas exacte.

« devait à son prince, à la bonne foi et à la religion, qu'il « croyait servir, parce qu'il n'en connaissait pas le véri- « table esprit. »

Raimond VI de son côté députa auprès du pape, Bernard, archevêque d'Auch, que nous avons placé dans la précédente série de troubadours, et Rabastens, évêque dépossédé du siége de Toulouse par les légats. Ces deux prélats ne purent empêcher le plein succès de l'ambassade de Foulques. On connaît la déplorable scène de Saint-Gilles, et la croisade formée contre Raimond. Tandis que l'armée des croisés saccageait le Languedoc, condamnait aux flammes les personnes soupçonnées d'hérésie, et dépouillait peu à peu Raimond VI de ses domaines, Foulques organisa aussi sa croisade particulière. Il établit à Toulouse, sous la forme d'une confrérie, et sous la protection du légat, un corps armé dont les membres se distinguaient par une croix blanche attachée à leurs vêtements; il fit prêter serment à tous les confrères de demeurer fidèles à l'Église; il leur donna des commandants militaires, et ceux-ci établirent un tribunal qui jugeait les usuriers, et punissait les contumaces par le pillage et la destruction des maisons. Tout cela se passait sous les yeux de Raimond, impuissant pour l'empêcher.

Gall. christ. t. XIII, col. 23, A.

Les citoyens impartiaux ou partisans de ce prince formèrent de leur côté une ligue pour résister à celle-là. Cette compagnie fut appelée *la Noire*, par opposition avec celle de l'évêque qu'on nommait *la Blanche*. Ces deux corps se battaient fréquemment dans les rues; le sang des deux partis ruisselait dans la ville natale.

D. Vaissette, Hist. du Languedoc, t. III, p. 207.

En 1211, le nombre des croisés de l'armée dite de la foi étant diminué, l'abbé de Cîteaux envoya Foulques en France, solliciter de nouveaux secours, qu'il obtint en effet. C'est dans cette mission qu'il se lia avec Jacques de Vitry, liaison qui amena la correspondance dont nous parlerons tout à l'heure.

Lorsque les croisés assiégeaient Lavaur, ce qui eut lieu aussi en 1211, après le retour de Foulques, il détacha cinq mille hommes de sa compagnie blanche, les fit partir de la ville enseignes déployées, malgré la défense de Raimond, et les envoya renforcer l'armée des assiégeants.

D. Vaissette, Ibid. p. 207.

Bientôt après, Raimond voulant l'éloigner de Toulouse, il refusa d'en sortir. « Ce n'est pas le comte qui m'a fait évê- « que, dit-il aux agents qui lui intimaient l'ordre du prince;

XIII SIÈCLE.

« ce n'est ni par lui ni pour lui que je suis sur le siége de « Toulouse. Je ne sortirai point à cause de lui. Que ce tyran « vienne, s'il l'ose, avec ses satellites; il me trouvera seul et « sans armes; j'attends ma récompense, et ne crains rien des « hommes. » Malgré cette fierté que soutenaient une forte armée et toute la puissance du pape, le prélat, de son propre mouvement, sortit de la ville quelques jours après, et alla se réunir à l'armée des croisés.

D. Vaissette, t. III, p. 208.

Depuis ce moment, sa fureur ne connut plus de bornes. Tous les moyens lui furent bons, même la perfidie. Dans la même année, comme Montfort voulait s'emparer de Toulouse, l'évêque et les légats font déclarer aux habitants qu'on ne vient point assiéger leur ville pour quelque faute qu'ils aient commise, mais par la raison seulement qu'ils sont fidèles à Raimond, et que s'ils veulent renoncer à leurs serments, on les sauvera. Ils se refusent à cette lâcheté. Alors Foulques mande à tous les ecclésiastiques l'ordre de quitter la ville. Ils en sortent effectivement, mais en procession, pieds nus, et portant le saint-sacrement.

D. Vaissette, t. III, p. 213.

Au concile de Lavaur, Foulques est un de ceux qui s'opposent à ce que Raimond soit admis à se purger du crime d'hérésie; et aussitôt après le concile, il retourne en France prêcher une nouvelle croisade contre ce prince.

D. Vaissette, t. III, p. 251. Gallia christ. t. XIII, col. 23, C.

En 1213, au combat de Muret, pendant que les deux armées sont aux prises, remplissant les fonctions de vice-légat, il se tient en prières avec d'autres évêques, dans l'église de Muret, invoquant Dieu contre Pierre II.

Rentré dans Toulouse, il s'empare du château, et il oblige Raimond, son fils et les deux princesses leurs femmes, à se retirer dans la maison d'un simple particulier. Raimond n'exerce plus aucune autorité, c'est l'évêque seul qui règne.

En 1215, Montfort étant entré dans cette capitale, délibère sur la manière dont il traitera les habitants. Foulques est d'avis de mettre le feu aux quatre coins de la ville. Montfort, moins violent, se contente de détruire les fortifications.

Dans la même année, Foulques et le comte de Foix assistent au concile de Latran. Le comte de Foix accuse l'évêque d'avoir livré la ville épiscopale au pillage, et d'y avoir fait périr plus de dix mille habitants, de concert avec le légat et Montfort. Un cardinal, un abbé veulent aussi défendre Raimond : Foulques se lève, et pour toute réponse accuse ce prince et le comte de Foix de faire tuer les croisés.

L'année suivante, Montfort voulant se venger des Toulousains, qu'il croit d'intelligence avec l'armée de Tarascon et de Beaucaire, Foulques lui offre d'aller persuader aux habitants de venir au devant de lui : « Par ce moyen, lui « dit-il, vous ferez mettre en prison les plus rebelles, et les « dépouillerez de leurs biens. » Ce projet s'exécute : les citoyens les plus riches et les plus marquants, tombés dans le piége, sont arrêtés. Foulques fait mettre la ville au pillage. Le peuple en fureur se barricade. Montfort met le feu dans trois quartiers à la fois. Il est repoussé. Alors Foulques et l'abbé de Saint-Sernin parcourent les rues, en annonçant que Montfort pardonne, et que si les habitants veulent remettre leurs armes et livrer les tours de leurs maisons, les biens enlevés dans le pillage seront rendus et les prisonniers mis en liberté. La majorité des habitants accède à ces propositions, malgré les conseils d'un petit nombre qui se méfient de la fourberie de l'évêque. Montfort rentre alors dans la ville, il fait mettre aux fers les principaux habitants, les disperse au loin dans le pays, et oblige les autres à se racheter par une somme énorme; ce qui les réduit au dernier désespoir.

Voy. D. Vaissette, t. III, p. 292, 293, 294.

La carrière politique de Foulques n'était point encore terminée. Raimond étant rentré dans Toulouse au mois de septembre 1217, et l'armée de Montfort se trouvant considérablement affaiblie, le prélat repartit pour la France, accompagné de plusieurs prédicateurs, alla prêcher une nouvelle croisade, et revint au camp devant Toulouse avec des renforts considérables. Montfort, pour récompenser tant de zèle, lui fit alors donation du château d'Urefeil et de vingt villages qui en dépendaient; donation, dit Dom Vaissette, qui accrut considérablement le domaine temporel des évêques de Toulouse.

D. Vaissette; Ibid. pag. 300, 303.
Gallia christ. t. XIII, col. 24, A.

Depuis cette époque jusqu'à la paix définitive, qui eut lieu le 12 avril 1229, Foulques vécut dans les camps, auprès des chefs de la croisade. L'augmentation de sa fortune lui donnait le moyen d'y figurer avec éclat. Le roi Louis VIII étant venu à l'armée, l'évêque, par un faste difficile à comprendre, le défraya et fournit à la subsistance de ses troupes, tout le temps qu'il séjourna dans le Toulousain, et, en 1217, il

D. Vaissette, Ibid. p. 360.

XIII SIÈCLE.

commandait lui-même une division dans les troupes du connétable Humbert de Beaujeu.

Ibid. p. 387.

La paix de 1229, dont il fut un des signataires, le fit rentrer dans son siége épiscopal, sans le ramener à des sentiments modérés envers Raimond qu'il ne cessa d'inquiéter et de menacer. Deux années environ se passèrent dans cet état de rancune et d'hostilité. Sa vie enfin s'éteignit, il mourut le jour de Noël de l'an 1231, et fut inhumé, conformément à sa demande, dans le monastère de Grand-Selve, abbaye de l'ordre de Cîteaux.

Gallia christ. t. XIII, col. 25, B.

La liaison qu'il avait formée avec Jacques de Vitry, lors de sa première mission dans le nord de la France, donna lieu à la lettre que celui-ci lui écrivit en l'année 1213, pour lui rendre compte de la mort de Marie d'Oignies, décédée à Liége le 23 juin de la même année, et que Foulques avait visitée dans son voyage fait en ces contrées en 1211, et à la dédicace qu'il lui adressa de la Vie de cette sainte fille écrite par lui. Jacques de Vitry rappelle à Foulques dans cette dédicace un mot que ce prélat lui avait dit en arrivant à Liége, où vivaient à cette époque plusieurs saints personnages. « J'ai « laissé l'Égypte à Toulouse, disait Foulques; j'ai traversé le « désert (la France), et j'ai trouvé dans le duché de Liége la « terre promise. »

Ci-dessus, p. 222, 223.
M. Fortia d'Urban, Not. sur les Annales de Hainaud de Jacq. de Guise, t. XIV, p. 106 et suiv.
Surius, Acta Sanct. 23 jun. p. 630 seqq.

Entre les actes de l'épiscopat de Foulques, un des plus mémorables est l'institution de l'ordre des frères Prêcheurs, fondé à Toulouse par saint Dominique, en 1215, sous la protection et par les soins de l'évêque. C'est là que le tribunal de l'inquisition jeta ses premières racines.

D. Vaissette, t. III, p. 276.
Gallia christ. t. XIII, col. 23, D.

C'est par cette suite d'événements que fut remplie la vie du troubadour Folquet, dit Folquet de Marseille. Poète, homme de cour, moine, évêque, missionnaire, guerrier; toujours passionné, turbulent, ambitieux, fanatique, il oublia les devoirs de l'humanité, et il eut la faiblesse de s'enrichir, en croyant accomplir des devoirs qu'il jugeait apparemment plus sacrés que la justice et la charité.

Le faste qu'il déployait tant dans son palais que dans son église ne fut point inutile aux arts. Catel cite parmi les pièces d'argenterie mentionnées dans l'inventaire de son mobilier, deux cuvettes enrichies d'émaux de Limoges, *de opere lemovitico*.

Catel, Mém. pour servir à l'hist. du Languedoc, p. 901.

Si nous considérons uniquement Folquet sous des rapports littéraires, il ne saurait être placé au premier rang parmi les troubadours, dans aucun genre de poésie. Les Bernard de Ventadour, les Rambaud de Vachères, Bertrand de Born, Pierre Vidal, Faidit, lui sont bien supérieurs. On ne lui doit aucune de ces pastourelles où plusieurs de ses contemporains offrent tant de grace et de naïveté; mais il a de la variété, des pensées heureuses, de l'énergie. Les écrivains italiens lui ont fréquemment accordé des éloges. Pétrarque prétend qu'en se nommant lui-même Folquet *de Marseille,* il a illustré cette ville et privé celle de Gênes d'un honneur qui lui était dû.

> Folchetto, ch'a Marsiglia il nome ha dato,
> Ed a Genova tolto; ed all'estremo
> Cangiò per miglior patria abito e stato.

Petrarch. trionfo d'Amc cap. IV.

Le Dante l'a placé dans le Paradis. Il le fait naître à Bugia dans les états de Gênes, ce qui ne peut se rapporter qu'à son père.

> Buggia.... e la terra ond'io fui.

Dante, Il radiso, cant. trad. de M. taud.

« Dans ma jeunesse, lui fait dire ce poète, j'ai été plus « amoureux que la fille de Bélus, que Rhodope trahie par « Démophon, qu'Alcide quand il tenait Iole renfermée « dans son cœur. Ici on ne pense plus à se repentir de ses « fautes; elles ne reviennent pas dans la mémoire.... Ici « on voit les effets admirables de la Providence, et l'a- « mour qui règne sur la terre s'épure et se change en amour « divin. »

Le Bembo, cité par Crescimbeni, pense que Folquet est un poète non moins suave qu'aucun autre troubadour : *E quello che dolcissimo poeta fu, e forse non meno que alcuno degli altri di quella lingua, piacevolissimo Folchetto*.... Le Varchi, le Tassoni, François Redi l'ont cité avec éloges.

Crescimbeni a traduit plusieurs fragments de ses poésies érotiques; Bastero un fragment de ses poésies religieuses.

Crescimben Dell' istoria de volgar poesia. II. part. I. p. 3 Id. ibid. p 240.

Bastero, crusca prove zale, t. I. p. 8

Celles-ci sont au nombre de deux pièces; l'une est une confession où il témoigne le repentir de sa conduite passée, commençant par ce vers:

> Senher Dieus, que fezist Adam.

Le poète reconnaît le devoir que lui impose la religion d'avouer ses fautes :

Rayn. Choi t. IV. p. 394 suiv.

Hueimais be s tanh qu'ieu me descobra ;
Tant ai estat en mala obra.

Après avoir avoué que ses péchés sont si énormes qu'il ne saurait presque en faire l'aveu, il s'adresse à Dieu :

Glorios Dieus, per ta merce,
Dressa ta cara devan me,
E remira lo gran trebalh
C'aissi m tensona e m'assalh.

Le poète s'adresse à Dieu à diverses reprises, pour lui demander successivement toutes les graces qui peuvent le conduire à se faire pardonner ses péchés. M. Raynouard, qui range cette pièce parmi les *Épîtres* des troubadours, a traduit une de ces invocations :

Rayn. Choix, t. II, p. 272. T. IV, p. 398.

Veray Dieu, dressa tas aurelhas,
Enten mos clams e mas querelhas;
Aissi t movrai tenson e guerra
De ginolhos, lo cap vas terra,
La mas juntas e'l cap encli,
Tan tro t prenda merce de mi, etc.

Vrai Dieu, dirige tes oreilles,
Entends mes cris et mes lamentations;
Ainsi je te ferai querelle et guerre,
Agenouillé, le chef vers terre,
Les mains jointes et le chef incliné,
Tant jusqu'à ce qu'il te prenne merci de moi;
Et je laverai souvent mon visage,
Pour ainsi qu'il soit frais et clair,
Avec l'eau chaude de la fontaine
Qui naît du cœur là sus au front,
Car larmes et plaintes et pleurs
Ce sont à l'ame fruits et fleurs.

L'autre pièce est une hymne adressée à la Vierge, au lever de l'aurore; petit ouvrage plein de poésie et un des meilleurs de Folquet. Elle se compose de cinq strophes, chacune de quinze vers, dont les quatre derniers forment un refrain qui revient à chaque strophe.

Id. t. IV, p. 399.

Vers Dieus, el vostre nom e de Sancta Maria
M'esvelharai hueimais, pus l'estela del dia
Ven daus Jherusalem que ns essenha quec dia,
Estatz sus e levatz,
Senhors que Dieu amatz,
Qu'el jorns es apropchatz,
E la nueg ten sa via;
E sia Dieus lauzatz

Per nos e adoratz,
E'l preguem que us don patz
A tota nostra via.
Refrain : La nueg vai e'l jorns ve
Ab clar temps e sere,
E l'alba no s rete,
Ans ve belh' e complia.

Traduction italienne de Bastero : .

Bastero, loc. cit. p. 83.

Vero Dio, nel vostro nome e di Santa Maria
Mi sveglierò omai, poi la stella del giorno
Viene da Gerusalem che ci mostra ch'e giorno.
State su, e vegliate,
Signori che Iddio amate,
Che'l di s'appressa,
E la notte fa sua via,
E lodato ne sia Iddio
Da noi e adorato;
E il preghiamo che ci dia pace
A tutta nostra vita.
Refrain : La notte va, e il giorno viene
Con tempo chiaro e sereno,
E l'alba non si ditiene,
Anzi viene bella e compita.

Bastero, après avoir traduit cette strophe, fait remarquer que Pétrarque en a imité le refrain.

Ibid.

Il semble que Folquet ait voulu composer dans cette pièce un pendant aux *aubades* des autres troubadours, et appliquer à la religion une forme poétique inventée pour la galanterie. Cette hymne est de toutes les compositions de ce poète celle qui paraît avoir obtenu le plus de célébrité. Catel l'a imprimée.

Catel, Mém. pour l'hist. du Lang. p. 899.

Il subsiste en tout vingt-cinq pièces de Folquet, dont quelques-unes sont attribuées à d'autres troubadours. M. Raynouard en a publié onze; M. de Rochegude, deux, dont une est aussi dans le Choix de M. Raynouard. On en retrouve deux dans le recueil intitulé : les Poètes français depuis le douzième siècle jusqu'à Malherbe, publié par M. P. R. Auguis.

Parnasse occit. p. 62-64.

E—D.

PERDIGON.

On trouve dans la vie de ce troubadour un singulier exemple des revers qui peuvent atteindre dans les temps de parti

XIII SIÈCLE.

l'homme ambitieux et indifférent sur les devoirs de la reconnaissance. Il naquit dans un bourg du Gévaudan nommé l'Espéron. Il paraît que son nom était *Pierre,* et que celui de *Perdigon* en était un diminutif. Fils d'un pauvre pêcheur qui ne put lui donner aucune instruction, il se trouva heureusement doué par la nature, d'une voix agréable et d'un talent facile pour composer des airs de musique. A une époque où chacun faisait des vers, il en fit aussi, et parvint à jouer de plusieurs instruments. Muni de ces talents, qui suffisaient alors pour conduire à la fortune, le jeune Perdigon se livra d'abord à la profession de jongleur, et bientôt après sentant en lui-même qu'il était poète, il se plaça parmi les troubadours. C'était alors la fin du douzième siècle, temps où florissaient un grand nombre de poètes du premier ordre en ce genre, et il sut se faire distinguer au milieu de ses habiles concurrents.

Robert, dauphin d'Auvergne, troubadour lui-même, et de qui nous allons parler tout à l'heure, ayant eu occasion de connaître son mérite, l'appela auprès de lui, voulut se l'attacher, et le combla de biens. Son affection et sa prodigalité s'étendirent jusqu'à lui donner des terres, et enfin jusqu'à l'armer chevalier. Le poète demeura long-temps à la cour de ce prince, et de là lui vint le nom de *Perdigon d'Auvergne,* que lui ont quelquefois donné les historiens, et qu'on rencontre dans plusieurs manuscrits.

Crescimbeni, Della volgar poesia, t. II, p. 86.

Le goût des voyages lui ayant fait quitter son bienfaiteur, il alla chez Guillaume des Baux, prince d'Orange, troubadour ainsi que le dauphin d'Auvergne, et dont il a été question dans notre volume précédent. On voit dans une de ses pièces, qu'il se rendit ensuite à la cour d'Alphonse II, comte de Provence. Nostradamus veut qu'il se soit marié à Aix avec une demoiselle de la maison de Sabran, nommée *Saura.* C'est là un conte dénué de toute vraisemblance; mais ce prétendu mariage contribue à prouver le séjour de Perdigon à Aix, sous le règne d'Alphonse II, et par conséquent avant l'année 1209, époque de la mort de ce prince.

T. XVII, p. 483.

Nostradamus, Les vies des poètes prov. p 124.

De la cour d'Aix ou de celle d'Orange, Perdigon se rendit auprès de Pierre II, roi d'Aragon. Pierre, naturellement magnifique, le combla de présents. Il ne lui donna pas seulement des armes, des chevaux, de riches habillements, objets que les grands offraient le plus communément aux troubadours, mais il paraît qu'il lui fit des dons encore plus considérables : *Lo qual lo vestie,* dit le biographe, *e'l dava sos dos.* Tant de témoignages d'intérêt ne purent attacher sincèrement le poète à ce prince. « Parmi les troubadours, « dit Dom Vaissette, un de ceux qui eurent le plus de part « à sa faveur, fut un nommé Perdigon, qui le paya d'ingra- « titude. »

D. Vaissette, t. III, p. 354.

La croisade contre les Albigeois étant survenue, il se lia avec Folquet, alors évêque de Toulouse, et se jeta avec lui dans le parti des croisés. Après la bataille de Muret où, comme on sait, Pierre II fut tué, il composa un sirvente pour remercier Dieu de cet événement : *E'n fetz lauzors a Dieu, car los Frances avian mort e descofit lo rei d'Arago.* Aussitôt après il alla à Rome avec Folquet, le prince d'Orange et l'abbé de Cîteaux, pour solliciter de nouveaux secours, et pour parvenir, ajoute l'historien, à la ruine entière de Raimond : *E per adordenar crozada, e per deseretar lo bon comte Raimon.* En même temps, dit encore le biographe, il prêchait en chantant au sujet des événements publics, et faisait lever des croisés : *E a totz aquest faitz fai son Perdigos, e'n fes prezicansa en cantan, per que se crozeron.* Ce mot de *prêcher en chantant* sera sans doute remarqué. Il nous montre la chanson dans toute sa puissance au milieu des troubles et des malheurs publics; le troubadour devient par ses chants un des apôtres de la guerre et de la paix.

Cette conduite indigna les anciens amis de Perdigon. Malgré les victoires de Montfort, l'esprit général du Languedoc protégeait la mémoire de Pierre II, et défendait les intérêts du comte Raimond. Le troubadour, totalement déconsidéré dans l'opinion publique, perdit, suivant l'expression du biographe, ses amis, ses amies, sa réputation, son honneur, sa fortune : *Perdet los amics e las amigas, e'l pretz, e l'honor e l'aver.* Aucune des personnes échappées aux massacres ne voulut le voir ni l'entendre : *Tug silh que remazan vieu negus no'l vogran vezer ni auzir.*

Le dauphin d'Auvergne lui retira toutes les terres qu'il lui avait apparemment données en fief. Le fils du pêcheur, dépouillé, redevint aussi pauvre qu'il l'était en commençant sa carrière. Il n'osait plus se montrer nulle part : *Non auzet anar ni venir.* En 1218, Montfort et Guillaume, prince d'Orange, ayant été tués, il ne lui resta de ressource que dans la protection de Lambert de Monteilh, gendre du prince d'Orange. Ce seigneur le fit entrer dans le couvent de Silvebelle, abbaye de l'ordre de Cîteaux. Perdigon y prit l'habit de l'ordre et il y mourut.

Si l'on en croyait Nostradamus, il aurait vécu jusqu'en 1269; mais cette assertion est peu vraisemblable, puisqu'il se serait écoulé cinquante-six ans entre la bataille de Muret et sa mort, et que son séjour à Clermont et ses rapports avec Faidit sont bien antérieurs à cet événement. Il en est de même de l'opinion de cet écrivain, lorsqu'il veut que Perdigon ait composé une histoire des guerres du comte de Provence, Raimond Berenger IV; car il faudrait pour cela qu'il eût vécu à la cour de ce prince, à la fin de son règne, c'est-à-dire vers l'an 1245, tandis qu'il dut entrer au monastère de Silvebelle, déja avancé en âge, en 1219. Nous plaçons ce poète immédiatement après Folquet, par la raison qu'ils paraissent avoir été parfaitement contemporains.

M. Raynouard, Choix, t. III, p. 344 et suiv.; t. IV, p. 14, 420.
Parnasse occit. p. 115.
Pièce commençant par *Ab chans d'auzels*, Mss. de la Bibl. roy. n. 2701, f. 88 verso, col. 2.
Mss. dit de Mazangues, ch. 136.
Millot, t. I, p. 428.

Les sirventes que Perdigon composa en faveur de la croisade contre les Albigeois, ne se retrouvent plus. Ce sont ses chansons d'amour, sa tenson avec Faidit, et une hymne à la Vierge, qui peuvent nous faire connaître son talent. Ces pièces sont au nombre de douze environ. M. Raynouard en a publié cinq, auxquelles il a joint plusieurs fragments. M. de Rochegude en a donné une qui ne fait point partie de celles de M. Raynouard. « C'est, dit ce poète, avec le chant des oiseaux que « commence ma chanson; je chante quand j'entends le cri « de l'aigle et de la grue, quand je vois le lis reverdir dans « nos jardins, le bluet reparaître parmi les buissons, et les « clairs ruisseaux couler sur le sable, là où sont répandues « de blanches fleurs. »

Il définit dans la même pièce quelques caractères de l'amour :

Ben pauc ama drut que non es gilos,
E pauc ama qui non es adziros,
E pauc ama qui non es folletis,
E pauc ama qui non fay trassios;
Mais val d'amor cant hom es enveios;
Un dolz plorar no fan XIIII ris.

Aime bien peu l'amant qui n'est jaloux;
Aime bien peu qui n'éprouve pas la haine;
Aime bien peu qui ne fait des folies,
Aime bien peu qui ne commet des trahisons;
Plus vaut l'amour quand l'amant est envieux;
Un doux pleurer ne valent quatorze ris.

XIII SIÈCLE.

Perdigon est de ces troubadours qui aiment les larmes et qui comptent sur la puissance de ce moyen. « Quand à genoux « devant ma dame, je lui demande merci, quand elle me repro- « che mes manquements, et que voyant mes larmes couler sur « mon visage, elle me regarde tendrement et me pardonne, « c'est pour moi la joie du paradis. » Peintre et poète, le troubadour s'est peint ici lui-même dans son tableau.

Même pièce.

Qant eu li quier merce en genoillos,
Ela mi colpa et mi met ochaisos,
E l'aiga m cur aval permest lo vis,
Et ela m fai un regard amoros,
Et eu li bais la bucha e'ls ols ambdos,
Adonc me par un joi de paradis.

Sa prière à la Vierge est une hymne où, en célébrant les louanges de Marie, il la supplie de lui faire obtenir le pardon de ses péchés : « Leur nombre, dit le poète, je ne le dis, ni ne « le sais ; faites qu'à ma mort ils ne tournent pas à ma perte.

Qu'els peccatz qu'ieu ay
Fatz, ni ditz, ni say,
No m puescan mal faire,
Quan del segl'irai.

É—D.

ROBERT,

DAUPHIN D'AUVERGNE.

ROBERT,

ÉVÊQUE DE CLERMONT.

Robert, dauphin d'Auvergne, dit Robert Ier, était fils de Guillaume VIII qui avait succédé en 1143 à Robert III, son père. Un frère de Robert III, nommé aussi Guillaume, s'étant emparé en 1155 de la plus grande partie des états de la maison d'Auvergne, prit le titre de Guillaume IX, quoique Guillaume VIII, son neveu, fût vivant. Un arrangement étant survenu, ces deux seigneurs conservèrent leurs titres ; mais Guillaume VIII joignit au sien celui de *Dauphin*, qu'il tirait de Gui III, comte de Vienne, son beau-père, et fut le premier seigneur d'Auvergne qualifié de *Dauphin*. Ce seigneur, mort en 1169, eut pour successeur Robert, son fils, le troubadour déja majeur, qui se fit appeler Robert Ier en

MORTS l'un en 1232, l'autre en 1234.

Baluze, Hist. de la maison d'Auvergne, liv. II, chap. I, t. I, p. 158.—p. 65, 66.

D. Vaissette, t. III, p. 98, 254.

Art de vérifier les dates, éd. in-8°, 1818 après J.-C. t. X, pag. 141-158.

tant que dauphin, quoiqu'il fût petit-fils de Robert III. Guillaume IX, dit *le vieux*, grand-oncle de Robert Ier, eut pour successeur Robert IV, qui eut quatre fils, savoir : Guillaume qui régna sous le titre de Guillaume X ; Gui qui succéda à ce Guillaume en 1195, et se nomma Gui III ; Robert, évêque de Clermont, autre troubadour dont nous allons parler ; et un quatrième nommé aussi Robert.

Ainsi Robert, dauphin Ier, et Robert, évêque de Clermont, étaient proches parents et contemporains, quoique remontant à Robert III à des degrés différents. Leurs familles avaient partagé après bien des contestations le domaine de l'Auvergne en deux portions inégales ; la ville de Clermont appartenait par moitié au dauphin et au comte Guillaume, ou à son frère Gui III, et de plus Robert en était évêque. C'était là bien des causes de jalousie ou de division entre l'évêque et le dauphin. A ces causes, il s'en joignit d'autres : c'est que tous deux composaient des vers, et que tous deux aussi avaient l'esprit vivement porté à la satire ; il faut ajouter que leurs mœurs étaient fort relâchées, et que l'évêque particulièrement était un homme turbulent, audacieux, capable des entreprises les plus injustes et les plus violentes.

Le dauphin accueillait les troubadours avec bienveillance, et les comblait de présents. Il reçut successivement à sa cour Peyrols, Pierre d'Auvergne, Pierre Vidal, Faidit, Hugues Brunet, Perdigon, Hugues de Saint-Cyr. La présence de tous ces poètes auprès de lui est attestée par des tensons qu'il composa avec eux, et qui subsistent encore. Plusieurs d'entre eux, tels que Peyrols, Pierre d'Auvergne, Perdigon, ne reçurent pas de lui seulement, suivant l'usage, des habillements, des armes, des chevaux, il leur donna encore des rentes et même des terres. Cette munificence, et surtout son goût dans l'appréciation des vers, lui ont valu de grands éloges. « Le dauphin était, dit-on, un des chevaliers les plus « courtois, les plus généreux du monde ; il était un des plus « braves, des plus experts en fait de guerre, d'amour, de galanterie et de tous genres de convenances, un des connais- « seurs les plus délicats, et des meilleurs poètes pour composer « des sirventes, des chansons et des tensons, et un des hom- « mes parlant le plus élégamment qui fût jamais, sur des « choses sérieuses ou de pur agrément : *E que plus saup* « *d'amor e de domnei, e de guerra e de totz faits avinens...* « *E'l plus gen parlans hom que anc fos a sen et a solatz.* »

Ce portrait semble peindre plus fidèlement le chevalier accompli du siècle auquel il se rapporte, que l'homme à qui il appartient; toutefois il donne une brillante idée du prince qui protégea Peyrols, Perdigon et une foule d'autres troubadours.

Pierre Vidal n'oublie pas le dauphin dans le voyage littéraire dont il trace le plan à un jongleur, ouvrage que nous avons déja cité « Je suis venu, lui dit-il, en Auvergne, chez « le dauphin. Jamais dame ni demoiselle, page ni chevalier, « d'une grace plus franche, d'une éducation plus soignée : »

Ci-dessus, p. 571.

Non y ac dona ni donzela
No fo pus francz d'un aizelo,
Ni cavayer ni donzelo
C'om agues noirit en sa man.

Pierre Vidal, *Abril issic.* M. Rayn. t. V, p. 344.

Ces progrès de l'éducation n'annonçaient pas toujours une épuration réelle dans les mœurs. Pour le dauphin, comme pour un grand nombre de seigneurs de son siècle, la galanterie devenait souvent un passe-temps d'autant plus amusant que les aventures en étaient plus singulières, n'importe les personnes et les moyens. Une sœur du dauphin, nommée madame Assalide de Claustre, femme de Béraud de Mercœur, recevait, sous les yeux de son frère, les hommages assidus du troubadour Peyrols. Le dauphin trouva plaisant de favoriser lui-même cette intrigue; il se décida enfin à renvoyer Peyrols de chez lui, mais ce fut seulement lorsqu'il y eut été forcé par les éclats de la jalousie du seigneur de Mercœur.

Nous ne parlerons point de ses tensons. Crescimbeni en cite plusieurs qui se trouvent dans les manuscrits du Vatican. Celui du dauphin et de Perdigon se lit dans le manuscrit 7225 de la Bibliothèque royale de France. L'intérêt de ces pièces est bien faible; mais il n'en est pas de même de celui que font éprouver les sirventes de Richard Cœur-de-Lion contre le dauphin, et de ce seigneur contre Richard. C'est ici un des exemples les plus singuliers de l'usage de cette époque, de s'attaquer réciproquement par des satires dans les sujets les plus graves, de mettre en vers et en chansons les querelles de la politique, les droits de la propriété, les disputes de la religion. Tout, ainsi que nous l'avons dit, se traitait en vers, ou du moins les vers se mêlaient à tout.

Crescimbeni, Della volg. poes. t. II, p. 182, 183.
Id. p. 203, art. de Peyrols.
Mss. du Vatican, n. 3204.

Biograph. du roi Richard. Mss. de la Bibl. roy. n. 7225, f. 185.

Le roi Richard et Philippe-Auguste s'étant déclaré la

guerre au sujet de la suzeraineté de l'Auvergne, Richard entraîna dans son parti le dauphin et le comte Gui II qui venait de succéder, en 1195, à Guillaume X son frère. Philippe fit entrer des troupes dans l'Auvergne, ravagea le pays et s'empara d'une partie des terres de ces deux seigneurs. Vainement ceux-ci recoururent à Richard, il les abandonna et passa en Angleterre. Les monarques firent la paix entre eux, au moyen d'un échange où Richard céda l'Auvergne, et Philippe le Quercy, et les deux comtes sacrifiés perdirent les terres conquises, notamment la ville ou le bourg d'Issoire. Peu de temps après, la guerre ayant recommencé, Richard appela de nouveau les deux comtes à son aide; mais pour cette fois ces seigneurs, indignés de son manque de parole, et liés avec Philippe, lui refusèrent tout secours. C'est alors que Richard publia contre eux son sirvente en mauvais français, commençant par ce vers : *Daufin ieu voill demander.*

Mss. de la Bibl. roy. n. 7614, f. 115, ch. 198. Mss. 7225, f. 185, ch. 809.

Il leur reproche dans cette pièce de lui avoir manqué de foi, comme Isengrin au renard, de lui avoir préféré Philippe, parce qu'ils le croient plus riche ou plus brave que lui; d'être devenus avares; d'avoir abandonné les dames, la galanterie, les cours et les tournois, pour employer leurs revenus à bâtir des forteresses. « Vous me prenez apparemment, leur « dit-il, pour un riche couart, *e ie sui riche coart;* mais nous « nous reverrons : bon guerrier à l'étendart, vous trouverez « le roi Richard :

Bon gerrier a l'estendart
Trouveretz le roi Richart.

Cette pièce n'étant point en langue provençale, ne saurait être comprise parmi les ouvrages des troubadours.

Le dauphin répondit par un sirvente provençal où, sans blesser aucune convenance, il dit à Richard avec autant de dignité que de fermeté, qu'il ne l'a abandonné que parce qu'il est lui-même inconstant, et que, malgré son courage, il défend mal ses propriétés et ses amis.

Mss. de la Bibl. roy. n. 7614, f. 116, ch. 199. Rayn. Choix, t. IV, p. 256.

Reis, pus vos de mi chantatz
Trobatz avetz chantador;
Mas tan me fatz de paor,
Per que me torn a vos forsatz,
E plazentiers vos en son :
Mas d'aitan vos ochaizon,

S'ueymais laissatz vostre fieus,
No m mandetz querre lo mieus.

« Roi, puisque vous chantez à mon sujet, vous avez trouvé « chanteur; mais vous m'inspirez une telle crainte que je ne « me présente à vous que forcément. Je suis toujours votre « serviteur; de ceci cependant je vous donne avis, c'est que « si jamais vous abandonnez votre fief, vous n'envoyiez pas « quérir le mien.

Qu'ieu no soy reis coronatz,
Ni hom de tan gran ricor
Que puesc à mon for, senhor,
Defendre mas heretatz;
Mas vos, que li Turc felon
Temion mais que lion,
Reis e ducs, e coms d'Angieus,
Sufretz que Gisors es sicus!

« Je ne suis point roi couronné, ni homme de si grande « puissance, que je puisse à ma guise, seigneur, défendre « mes héritages; mais vous que les Turcs felons redoutaient « plus que lion, vous, roi, duc, comte d'Anjou, vous souf-« frez que Gisors demeure au roi Philippe!

Be me par que vos diziatz
Qu'ieu soli aver valor,
Que m layssassetz ses honor,
Pueys que bon me layssavatz;
Pero Dieus m'a fag tan bon
Qu'entre el Puey et Albusson
Puesc remaner entr'els mieus,
Qu'ieu no soi sers ni juzieus.

« Bien me semble que vous disiez que j'avais coutume « de montrer de la valeur, et que vous me laissiez sans fief, « parce que heureux vous me laissiez. Dieu vraiment m'a « tant accordé de bonheur, que du Puy jusqu'à Aubusson, « je puis habiter au milieu des miens, sans être ni serf « ni juif.

Senhor valens et honratz,
Que m'avetz donat alhor,
Si no m sembles camjador,
Ves vos m'en fora tornatz;
Mas nostre reis de saison
Rend Issoir e lais Usson;

XIII SIÈCLE.

E'l cobrar es me mot lieus,
Qu'ieu n'ai sai agut sos brieus...

« Seigneur vaillant et honoré, qui m'avez fait des dons « autrefois, si vous ne vous fussiez montré changeant, vers « vous je serais retourné; mais notre roi d'aujourd'hui me « rend Issoire et me laisse Usson; il m'est fort aisé de les re- « couvrer, et déja chez moi j'en ai reçu ses lettres.

« Roi, ajoute le poète dans son envoi, à jamais vous me « trouverez brave, car telle dame m'en requiert à qui j'ap- « partiens si sincèrement que tous ses commandements me « sont doux. »

On aime à voir associés de cette manière, au sentiment qui anime le poète, un ton noble, un langage pur, une habileté remarquable dans l'art de la versification, et un souvenir de galanterie qui donne au chant du troubadour la couleur de son époque. Le dauphin montre ici un talent qui le place à côté des poètes les plus distingués du même âge. Cette pièce a six strophes et un envoi de quatre vers.

La tenson de l'évêque et du dauphin, et le sirvente du dauphin contre l'évêque, sont d'un genre tout différent. Le dauphin cherche encore à y maintenir le ton de dignité qu'il appelle sa *courtoisie*, mais des sujets ignobles l'obligent malgré lui à déchoir.

Il avait pour maîtresse à une certaine époque une dame, sans doute d'un bas étage, nommée Maurin, *Maurina*. Cette dame fit un jour demander à l'intendant du lard pour cuire des œufs. L'intendant crut se montrer magnifique en envoyant la moitié d'un jambon. L'évêque, instruit de ce fait, trouva mauvais qu'on n'eût pas donné un jambon tout entier, et sa poétique indignation s'exprima aussitôt en ces vers :

Mss. du Vatican, n. 3207.
Rayn. Choix, t. V, p. 125.

Per Crist, si'l servens fos meus
D'un cotel li dari' al cor,
Can fez del bacon partida
A lei que l'il queri tan gen.
Ben saup del dalfin lo talen,
Que s'eu plus ni men no i meses,
A la ganta li dera tres;
Mas posc en ver dire
Petit ac larc Maurina als ous frire.

« Par le Christ, si ce serviteur fût à moi, je lui donnerais « d'un couteau dans le cœur, comme il a partagé le jambon

XIII SIÈCLE.

« à celle qui le lui demandait si gentiment. Bien sais du « dauphin le caractère, que si plus ou moins il en eût donné, « sur la joue il lui en eût appliqué trois; mais en vérité je « puis dire que c'est bien peu de lard à Maurine pour des « œufs frire. »

La réponse du dauphin offrit, suivant l'usage, les mêmes rimes et la même coupe de vers. L'évêque courtisait une belle femme dont le mari se nommait *Chautar de Caulec*, et habitait un lieu dit *Pescadairas*, lieu où l'on pêche. De plus, la réputation de la dame de Caulec avait souffert de l'assiduité de l'évêque; cette dame avait été *tuée* dans l'opinion. Tout cela donna lieu à des jeux de mots entre les choux; *caulec*, la *pêche* et la dame *tuée*, qui purent être piquants du vivant des personnages, mais qui ont aujourd'hui peu d'intérêt. Le sens épigrammatique était que le poisson était frais et gentil, mais que mal lui en advenait; car il s'était laissé occire par le prêtre qui ne faisait qu'en rire :

E'l peissos es gais e cortes,
Mas d'una re l'es trop mal pres,
Car s'es laissatz ausire
Al preveire que no fais mas lo rire.

M. Rayn. ibid.

Un grave différend élevé entre ce prélat et le comte Gui, son frère, en 1197, donna lieu à un sirvente du dauphin qui se lie par son sujet aux affaires publiques. L'évêque dans cette querelle excommunia le comte, mit ses états en interdit, leva des troupes, entra sur ses terres, et les livra au pillage et à l'incendie. Gui finit par faire son frère prisonnier, ce qui amena la paix. Les troubles s'étant renouvelés en 1206, l'évêque fut fait prisonnier une seconde fois. Alors le pape Innocent III et Philippe-Auguste interposèrent leur autorité, et opérèrent une réconciliation. En 1211, nouveaux désordres. Il paraît que c'est en 1212 que le sirvente fut composé. Le dauphin y trace le tableau des excès commis par l'évêque, et rappelle que ce prélat et lui se sont déja attaqués plusieurs fois réciproquement avec les mêmes armes. Le légat dont le dauphin attend l'arrivée, est l'archevêque de Narbonne, *lo legatz de Narbona*, sacré le 2 mai 1212.

Vergogna aura breument nostre evesque cantaire,
Sol veigna lo legatz que non tarzara gaire,
E farem denan lui los sirventes retraire,

Rayn. Choix, t. IV, p. 258.

O pels mieus o pels sieus lo cug de l'orden traire;
Qu'anc miels non o conquis lo seigner de Belcaire,
Sol Dieus gart lo legat que per aver no s vaire.

Honte aura bientôt notre évêque poète,
Seulement vienne le légat qui ne tardera guère,
Et ferons devant lui les sirventes exposer,
Ou par les miens ou par les siens, je le crois faire déposer,
Que jamais mieux je n'ai conquis le seigneur de Beaucaire;
Seulement Dieu garde le légat que pour argent ne se tourne.

Si no s vaira'l legatz e vol gardar dreitura,
Ades nos ostara sa falsa creatura.
Alverne, be us garnic de gran mal'aventura,
Qu'il fetz gobernador de la sainta Escriptura.
Be s pot meravillar qui conois sa figura
Cossi s'ausa vestir de sainta vestidura.

Si ne se tourne le légat et veut garder droiture,
Bientôt il nous ôtera sa fausse créature.
Auvergne, bien te chargea de grande mésaventure,
Qui le fit gouverneur de la sainte Écriture.
Bien se peut étonner qui connaît sa figure
Qu'il s'ose ainsi vêtir de sainte *vestiture*.

Li vestiment son saint, mas fals' es sa persona, etc.

Les vêtements sont saints, mais fausse est sa personne, etc.

Le poète reproche à l'évêque les ravages qu'il commet à la tête de ses soldats, ses liaisons galantes avec la comtesse d'Artona; il lui reproche de ne vouloir enterrer personne, même son ami, sans être payé.

Que nuills hom son amic ses aver non sosterra.

« Ami de l'Angleterre, il est felon envers son roi,

Englaterra ama el ben e fai gran fellonia;

« Et c'est avec l'argent des morts qu'il prolonge au roi sa « guerre,

Et ab deniers dels mortz alonga al rei sa guerra.

« Je pourrais bien en dire davantage, ajoute-t-il enfin, « mais il perdrait son évêché et moi ma courtoisie.

Mas s'ieu dir en volgues so qu'ieu dir en sabia,
El perdria l'eveseat et ieu ma cortesia.

Indépendamment des reproches que le dauphin adresse à l'évêque, nous voyons ici une autre particularité historique; c'est que le dauphin se ligua contre les Albigeois et le comte de Toulouse, dès l'entrée de Montfort dans le Languedoc. Il suivit en cela l'exemple du comte Gui II, qui s'unit à la ligue dès le mois d'avril de l'an 1209.

D. Vaissette, t. III, p. 168.

L'évêque fut transféré à l'archevêché de Lyon en 1227, et mourut en 1232. Le dauphin mourut âgé de près de 90 ans, le 22 mars 1234.

Gall. christ. t. II, col. 273, 275.

On a dit de lui qu'en avançant en âge, il était devenu avare et même rapace et dur envers ses vassaux. Nous avons fait sentir une des causes de ce changement de son caractère. C'est ce reproche d'avarice plus ou moins fondé qui devint le sujet des tensons dont il va être question à l'occasion de Pélissier et de Bertrand de la Tour. Il ne subsiste de lui que les pièces dont nous venons de parler et les deux tensons suivantes. É—D.

BERTRAND DE LA TOUR.

PIERRE PÉLISSIER.

Bertrand de la Tour paraît avoir été un gentilhomme auvergnat, d'une fortune médiocre, vivant paisiblement sur ses terres, et s'amusant quelquefois à composer des chansons. Le dauphin d'Auvergne, au service duquel on voit qu'il était attaché à un titre quelconque, lui adressa un couplet de huit vers, où il lui fit un reproche de ce qu'après s'être montré vaillant et magnifique, il avait cessé de fréquenter les cours, s'était renfermé dans son château et vivait seul avec ses faucons et ses autours; sitôt, dit-il, qu'il a chez lui vingt personnes, il croit fêter Pâques ou Noël :

E sojorna a la Tor,
E ten faucon et austor,
E cre far Pasca o Nadal,
Quant son XX dinz son ostal.

Rayn. Choix, t. V, p. 104.

Bertrand répondit à ce couplet par un autre sur les

mêmes rimes, suivant l'usage, où il adressait la parole à son jongleur :

Mauret, al dalfin agrada
Qu'en digan qu'eu son malvatz;
E'l reproiers es vertatz,
Del cal seignor tal mainada;
Que fui bon tant quant aic bon seignor;
Que a lui plac ni so tenc ad honor,
Et aras, Mauret, pos el no val,
Si era bon, tenria so a mal.

Mauret, au dauphin il plaît
Qu'on dise que je suis homme de peu,
Le proverbe est donc vérité,
De tel maître tel valet.
Je fus bon tant que j'eus bon seigneur;
Plus (ne) lui plaît ni le tient à honneur,
Maintenant (donc) Mauret, puisqu'il est sans mérite,
Si j'étais bon, il le prendrait à mal.

Nous avons déja rencontré de ces tensons à deux seuls couplets, dont l'un est la réponse à l'autre. Ce ne sont là, à proprement parler, que des épigrammes, mais régularisées par l'uniformité de la rime et le plus souvent par le nombre égal des vers. Le mérite de la reponse est dans la concision de l'expression unie à la vivacité du trait.

Le poète Élias de Barjols, pour être un homme accompli, désirait avoir entre autres qualités la droiture de Bertrand de la Tour. C'est dire assez que celui-ci était né au plus tard vers le milieu du douzième siècle. Il se trouve sept pièces de lui dans le manuscrit 3204 du Vatican.

Papon, Hist. de Prov. t. II, p. 280.

L'histoire de Pélissier est associée à celle de Blacas et à celle du dauphin.

Ce troubadour naquit à Marcel, bourg situé dans la vicomté de Turenne. C'était un simple bourgeois, mais riche, honorable, courtois et généreux : *Borges fo valens e pros e larcs e cortes.* Il se fit tellement estimer, dit son biographe, que le vicomte de Turenne le fit bailli de toutes ses terres. Sa tenson avec Blacas mérite peu de nous arrêter; mais il arriva, continue le biographe, que le dauphin d'Auvergne courtisa une dame, fille du vicomte de Turenne, et quand il allait à Marcel, Pélissier lui faisait des politesses, et même lui prêtait de l'argent. Nous avons dit précédemment que le dauphin d'abord s'était montré généreux jusqu'à entamer sa fortune, *E per larguesa soa perdet la meitat e plus de tot lo sieu comtat;* et nous avons ajouté qu'il devint ensuite avide, tyrannique, et même sans foi relativement à ses moyens d'acquérir. La différence survenue dans sa position politique pouvait avoir occasioné ce changement de mœurs; mais, quoi qu'il en soit, ce seigneur se montre, dans ses rapports avec Pélissier, sous un jour peu favorable. Pélissier lui ayant demandé le remboursement des sommes qu'il lui avait prêtées, il refusa de payer, discontinua ses visites à Marcel, ou peut-être même abandonna sa dame, *et abandonet la domna de vezer.* Le bailli voyant (c'est ce que dit le biographe) que ses sollicitations étaient inutiles, fit sa demande en vers; ce qui lui donnait le moyen de la rendre publique. Elle devint le sujet de la première strophe d'une tenson où il disait:

Mss. du Vatican 3207, f. 47.

Al dalfin man qu'estei dinz son hostal
E mange pro e s gart d'esmagresir,
Com piez no sap a son amic gandir
Quan n'ac tot trait lo gasaing e'l capdal;
Remansut son li messatg' e 'l correu,
Que lonc temps a non vi carta ni breu.
E nulls hom piechs so que ditz non aten;
Mas joves es e castiara s'en.

Au dauphin je mande qu'il demeure dans sa maison,
Et mange bien, et se garde de maigrir,
Car pire ne sais (qu') à son ami échapper
Quand on en a retiré tout le capital et l'intérêt.
Sont demeurés (sans réponse) mes messages et mes courriers,
Que long-temps y a je n'ai vu papier ni lettre.
Nul homme pire (que celui qui) ce qu'il dit n'exécute;
Mais il est jeune, et il s'en corrigera.

S'il y eut quelque hardiesse dans cette attaque, il y eut bien de la hauteur dans la réponse. *Lo dalfins respondet a Peire Pelissier vilanamen e com iniquitat:*

Vilan cortes, l'avetz tot mes a mal
So qu'el paire vos laisset al morir;
Cuidatz vos donc ab lo meu enrequir,
Malgrat de Dieu que us fetz fol natural?
Ja, per ma fe, non auretz ren del meu.

Vilain courtois, vous l'avez mis à mal
Ce que votre père vous laissa en mourant;
Vous croyez donc avec le mien vous enrichir
Malgré (la volonté) de Dieu qui vous a fait de folle nature?
Jamais, par ma foi, vous n'aurez rien du mien.

XIII SIÈCLE.

La chose est claire, le dauphin doit et ne paiera point, parce qu'il ne veut pas payer. Ce n'est là que l'abus de la force; mais le mot de *vilan cortes* est bien plus digne d'attention. Le dauphin semble voir avec déplaisir qu'un *vilain* polisse ses manières, s'élève au ton de la haute compagnie, devienne un homme *courtois*. Le mot de *vilain* et celui de *courtois* lui semblent ne pouvoir s'allier l'un avec l'autre. L'habitant des villes et le familier des cours ne peuvent avoir, suivant lui, rien de semblable dans leurs habitudes. Nous voyons ici pourquoi ce seigneur ennoblit Perdigon, et nous pouvons remarquer en même temps combien la courtoisie, dont tant de troubadours offrirent le modèle et donnèrent même des leçons, fut utile à la civilisation.

É—D.

PIERRE DE MAENSAC.

Pierre de Maensac et son frère Austors étaient deux pauvres chevaliers, propriétaires en commun d'une très-petite terre où se trouvait le château dit de *Maensac*, laquelle formait leur unique héritage. Tous deux faisaient des vers et tiraient profit de leur talent. Cette ressource facilita le partage de leur mince fortune. Par un arrangement assez singulier, ils convinrent qu'Austor posséderait la terre, et que le produit de leurs vers, donné tout entier à Pierre, formerait sa part dans les biens communs : *E foron amdui en concordi que l'uns dels agues lo castel, e l'autre lo trobar.* C'était de la part de Pierre compter beaucoup sur son propre talent, ainsi que sur le talent et surtout sur la loyauté de son frère.

Heureusement leur petit domaine était situé dans les états du dauphin d'Auvergne qui les protégea, et sans doute les fit participer aux bienfaits qu'il répandait sur beaucoup de poètes. Pierre chantait dans ses vers la femme d'un seigneur nommé Bernard de Tierci. Ses chansons eurent une telle puissance sur le cœur de cette dame, qu'elle se laissa enlever par le poète, lequel la conduisit dans un château appartenant au dauphin. Vainement le mari demanda sa femme, fit grand

XIII SIECLE.

bruit, entra même en campagne avec des hommes de guerre; la protection du dauphin mit le poète et sa dame en sûreté, et Maensac ne la rendit jamais : *E'l dalfins lo mantenc si que mais no li la rendet.* Tel était alors l'abus de la force.

On ne connaît de ce poète que deux chansons, l'une commençant par *Estat aurai de cantar,* l'autre, par *Longa sazon ai estat vas amor.* Par une fatalité, dont la transcription des ouvrages des troubadours offre de nombreux exemples, la première de ces deux pièces, insérée dans le manuscrit 7225 de notre Bibliothèque royale, sous le nom de Pierre de Maensac, s'y trouve une seconde fois sous celui de Gui d'Uissel; et la seconde pièce, copiée aussi dans le manuscrit 7225, se lit dans le manuscrit 7226, sous le nom de Cadenet; d'où il pourrait suivre que nous n'aurions aucune production authentique d'un poète assez distingué, et de qui le biographe dit qu'il montra autant de talent pour les vers que pour la musique : *E fez avinens cansos de sons e de motz.* Mais ces pièces se trouvent l'une et l'autre dans le manuscrit 3204 du Vatican, sous le nom seul de Pierre de Maensac; de sorte qu'on peut les regarder avec confiance comme des ouvrages de ce troubadour.

Mss. de la Bibl. roy. n. 7225, f. 107 et 91.

N. 7226, fol. 159.

Mss. du Vatican, n. 3204, f. 93.

« Long-temps, dit le poète dans la première pièce, j'ai « demeuré sans chanter, aucun sujet ne m'y excitait; mais « aujourd'hui mon cœur me porte à essayer de composer de « bonnes paroles et un air gai; car il est bien convenable, si « je connais un peu l'art de parler, que je peigne gentiment « celle de qui je suis le serviteur.

Mas ar ai cor que m n'assai
De far bos motz ab son gai,
Quar ben estai
Si saup ab pauc de dire,
Gen razonar leis cui es obezire....

Il finit en disant à sa dame : « Depuis qu'avec un doux « regard lancé sur moi par votre œil conquérant, vous « m'êtes venue ravir mon cœur, jamais je ne vous ai fait « offense; et puisque vous tenez mon cœur vers vous, j'es« père que vous ne le tuerez point désormais; mais bien je « sais que si le tuer vous voulez, il ne saurait mourir d'un « si glorieux martyre.

E pos mon cor tenetz lai,
No cug l'auciatz oimai;
Pero be sai
Que, si 'l voletz aucire,
No pot morir ab tan hourat martire.

Ce n'est là que de l'esprit, mais ce sont des mots arrangés du moins avec grace.

Mss. de la Bibl. roy. n. 7225, f. 107, ch. 432.

Dans la seconde chanson, il dit qu'il a aimé long-temps loyalement et en franc serviteur une dame de haut parage, qui aujourd'hui le joue et l'abandonne. Il pourrait se venger d'elle. « De même, dit-il, que j'ai su faire valoir son mérite, « je saurais bien opérer son dommage:

Qu'aissi com sap enantir sa valor,
Li saubria percassar son damnatge;

« mais je n'en ferai rien; toute ma vengeance sera de la « quitter. »

Pièce commençant par *Peire de Maensac.*
Mss. du Vatican, n. 3207. f. 40.
Autre mss. du Vatican, 3204, fol. 206 verso.

Il paraît qu'à l'époque des différends de l'évêque de Clermont avec le dauphin d'Auvergne, Pierre de Maensac prit parti pour ce dernier. L'évêque s'en est vengé par un sirvente, où il lui reproche d'être pauvre, de le devenir chaque jour davantage, et de n'avoir pas même un cheval pour le service militaire. On voit dans cette pièce que Pierre de Maensac avait reçu quelques bienfaits du roi Philippe-Auguste, en sa qualité de poète. L'évêque veut lui en ôter le mérite. « Le roi ne serait pas aussi sage qu'on le dit, s'il « retenait la paie des cavaliers à qui il confie sa personne, « pour salarier des jongleurs. Si jamais il vous a tenu à son « service, c'est par courtoisie et pour l'amour de Dieu, car « il vit que vous étiez dans le besoin.

E s'anc jorn vos i tenc, fetz o per cortesia
E per amor de Deu, car vit c'ops vos avia.

Pierre de Maensac se vantait aussi d'avoir suivi le roi dans quelqu'une de ses expéditions : « Cela ne se peut, lui dit à « ce sujet l'évêque, à moins que vous n'ayez suivi le roi à « pied. »

On voit enfin dans cette pièce que Philippe-Auguste protégeait le dauphin et ses adhérents : « Il y a, dit l'évêque, je « ne sais combien de sots, *no sai qan nesci,* qui tous les

« jours disent des folies contre moi; mais si le bon roi « Philippe ne s'en mêlait, tel chante aujourd'hui de moi qui « alors en pleurerait.

Mas s'el bos reis Phelips no s'en entremetia,
Tals chante er de mi, q'adonc en ploraria.

Rayn. Choix, t. V, p. 318. Parn. occit. p. 304.

Ces traits sont moins à remarquer pour l'histoire de Pierre de Maensac que pour celle de Philippe-Auguste, puisqu'ils nous apprennent que, soit politique ou amour des lettres, ce prince versait ses bienfaits sur des troubadours.

M. Raynouard a publié le premier couplet de la pièce commençant par *Estat aurai;* M. de Rochegude l'a donnée tout entière. É—D.

FOLQUET DE ROMANS.

BAUDOUIN IX,

COMTE DE FLANDRE.

FOLQUET dit DE ROMANS naquit au bourg de Romans ou Rotmans, dans le Viennois, vraisemblablement vers les années 1170 ou 1175. Dominé par l'amour des vers, il se livra à la profession de troubadour, quitta son pays, et se mit à visiter les cours, espérant y faire briller son talent. Après avoir sans doute porté ses hommages dans Aix, à Alphonse Ier, comte de Provence, il se rendit chez Blacas. C'était alors le moment où se préparait la croisade de l'an 1195. Ce fait nous est indiqué par la tenson dont nous avons parlé dans l'article de Blacas, où Folquet demande à ce seigneur s'il se croisera, en supposant que l'empereur Henri VI commande l'armée, et où Blacas répond qu'il est tendrement aimé d'une dame en qui est beauté accomplie, et qu'il fera sa pénitence *par deçà, entre mer et Durance.*

Du château de Blacas, Folquet se rendit chez le marquis du Carret, mari de Béatrix de Montferrat, et forma avec ce seigneur une liaison qui subsista pendant toute la vie du poète.

XIII SIECLE.

En 1201 et 1202, on le voit à la cour de Montferrat. Boniface II y régnait, et allait partir pour la croisade de l'an 1202. C'est auprès de ce prince, ou chez quelque seigneur des environs, que Folquet fut connu du comte de Flandre, Baudouin IX, qui partit pour la Syrie avec Boniface, et devint peu de temps après empereur de Constantinople. Ce prince, instruit dans la langue provençale, mais apparemment peu accoutumé aux familiarités des troubadours avec les grands, l'attaqua par la première strophe d'une tenson, où il semblait lui faire un reproche de quelque somme d'argent qu'il avait déja amassée, et l'invitait à suivre droit sa route, et à ne pas prendre des tons au-dessus de son rang. « Je vois ici, ajoute-t-il, les gens disant que pour cinq cents « marcs d'argent il ne faudrait vous mettre gage. »

Pièce commençant par *Pois vezem.* Mss. du Vatican, n. 3207, fol. 51 verso.

Pero conseill li darai gen
Et er fols s'el no l'enten,
C'ades tegna son viatge
  Dreit lai vas son estatge;
Que sai vei la gent disen
Que per cinq cent marcs d'argen
No ill calria metre gatge.

Le poète répondit avec assez de noblesse et un peu de causticité :

Même manuscrit, ibid.
Rayn. Choix, t. V, p. 152.

Aissi com la clara stela
Guida las naus e condui,
Si guida bos pretz selui
Q'es valens, francs e servire,
E sel fai gran faillimen
Que fo pros e s'en repen
  Per flac avol coratge;
Qu'en sai tal qu'a mes en gatge
  Prez e valor e joven,
Si que la febres lo repren
Qui l'enquer, tan l'es salvatge.

Ainsi comme la brillante étoile
Guide les nefs et les conduit,
Se dirige vers bon prix celui
Qui est homme d'honneur, franc et serviable,
Et celui-là fait grand *faillimen*
Qui fut preux et s'en repent
  Par mollesse et manque de courage.
Je connais tel qui a mis en gage
  Mérite, valeur et jeunesse,
Si bien que la fièvre le reprend
Qui (que ce soit qui) l'attaque, tant il lui est effrayant.

Élevé en Italie, et plus familier que Baudouin avec les habitudes des poëtes provençaux, l'empereur Frédéric II accueillit Folquet avec plus d'affabilité. Placé d'abord, comme on sait, sur un trône qu'Othon IV lui disputait, il ne fut définitivement couronné empereur qu'en 1215. C'est visiblement à cette époque que Folquet, qui avait éprouvé ses largesses auparavant, lui adressa son sirvente commençant par le vers

Far voill un non sirventes,

Mss. de la Bibl. roy. n. 7698, p. 131.
Mss. n. 7225, fol. 189 verso.

où, après quelques reproches contre les grands, en général, qui ne se montrent pas aussi généreux que ceux des temps précédents, il parle ouvertement de Frédéric. « Que jamais « aucun de mes amis puissant ne devienne, puisque le « seigneur Frédéric, qui sur tous règne, était généreux avant « qu'il fût puissant, et que maintenant il lui plaît retenir la « terre et l'avoir : ceci m'ont conté comme vrai tous ceux qui « en viennent.

Jamais nueill de mos amics
  No vuoill ricx devenha,
Pos mon senher Fredericx
  Que sobre totz renha, etc.

On voit de plus, dans une des strophes suivantes, que Frédéric vient en effet d'être définitivement reconnu pour empereur.

E lau Dieu que sus l'a mes
  E ill a dat corona.

Le sirvente enfin est adressé à Frédéric lui-même, à qui le poëte ne craint pas de dire ouvertement sa pensée. Il y a dans cette pièce un assez heureux mélange de respect et de familiarité. Tel était le ton décent et libre auquel nos poëtes méridionaux avaient habitué leurs souverains. La conduite comparée de Frédéric et de Baudouin nous fait juger des bons effets de la manière de parler et de se conduire avec les grands, adoptée par les troubadours les plus estimables, et des services que leurs talents rendaient à la société.

Un autre sirvente de Folquet contre les mauvaises mœurs de son siècle date de l'époque où Frédéric venait de prendre

XIII SIECLE.

la croix, par conséquent de l'an 1228. Le poète s'élève d'abord contre le clergé :

Tornatz es, Mss. de la Bibl. roy. n. 2701, ch. 405.
Rayn. Choix, t. IV, p. 126.
Parnasse occit. p. 121.

Tornatz es en pauc de valor
Lo segles qui ver en vol dir,
E'l clergue son ja li pejor
Que degran los bes mantenir.

Une strophe de cette pièce mérite particulièrement d'être citée :

Ben volgra acsem un senhor
Ab tan de poder e d'albir
Qu'als avols tolgues la ricor
E no'ls laisses terra tenir,
  E dones l'eretatge
A tal que fos pros e prezatz;
Qu'aissi fo'l segles comensatz,
  E no y gardes linhatge,
E mudes totz los ricz malvatz,
Si com fan Lombartz poestatz.

Bien voudrais eussions un seigneur
Avec assez de pouvoir et de résolution
Qu'aux méchants il ravît leurs richesses
Et ne les laissât terres tenir,
  Et donnât les héritages
A tel qui fût preux et estimé;
Qu'ainsi fût le siècle présent;
  Et sans regarder aux descendances (des familles),
Qu'il changeât tous les riches méchants,
Comme changent Lombartz leurs podestats.

Cette strophe frappait contre la tyrannie des possesseurs de fiefs, et attaquait le principe de l'hérédité.

Esprit chagrin et un peu froid, Folquet de Romans ne montre pas beaucoup plus de chaleur dans ses chansons d'amour que dans ses sirventes. Une de ses meilleures pièces érotiques est celle qui commence par le couplet suivant :

Mss. dit de Mazaugues ou de Pieresc, pièce 155.

Ma bella dopna per vos dei esser gais
C'al departir me dones un dolz bais,
Tan dolzamen lo cor del cors me trais.
Lo cor avez, dopna, que lo vos lais;
Per tal coven q'eu no'l voill cobrar mais,
Que meill non pres a Raol de Cambrais
Ne a Flori qan poget al palais
Com fez a mi, car soi fins e verais,
  Ma bella dopna.

Ma belle dame, à cause de vous je dois être gai,
Qui au départ m'avez donné un doux baiser,
Et si doucement mon cœur avez de mon sein retiré;
Mon cœur vous le tenez, dame, et je vous le confie
A telle condition que je ne le reprenne jamais;
Car mieux n'advint à Raoul de Cambrai,
Ni à Floris, quand il monta au palais,
Que n'avez fait pour moi qui suis loyal et vrai,
Ma bonne dame.

Il y a plus de vivacité dans la pièce qui commence par ces vers :

Mss. du Vatican, n. 3206, pièce 60.

Auzels no truob chantan,
Ni non vei flors novella,
Mais ieu no m lais de chan
Ni de joi...............

Oiseaux je ne trouve chantant,
Ni ne vois fleur nouvelle,
Mais je ne suspends ni mon chant
Ni ma joie, etc.

Vers l'an 1228, à l'époque sans doute du départ de Frédéric II pour la Syrie, un poète français, que le manuscrit du Vatican, 3207, et Crescimbeni qui l'a suivi, nomment Hugues de Bersie, et que le manuscrit de Modène 1179 dit, par une erreur évidente, être Èbles d'Uissel, invitait Folquet à partir pour la Palestine : « Conseille-lui, disait-il à Bernard, son « jongleur, de ne pas employer tout son esprit en folies ; « nous avons lui et moi grande part de notre âge, *grant part « de nostre eage;* il ferait bien d'amender sa vie, car à la fin il est hors de *jonglerie, car a la fin es for de joglaria.*

Mss. du Vatican, n. 3207, f. 46.

Mss. de Modène, n. 1179.

Crescimbeni, t. II, p. 220.

Folquet ne suivit pas ce conseil. Il paraît avoir passé la plus grande partie de sa vie, tantôt dans son pays natal, tantôt chez le marquis de Montferrat, le marquis du Carret, celui de Malespine, à Vérone, chez les princes d'Est, et dans d'autres cours de la Haute-Italie. On ne trouve plus de traces de son histoire après les années 1228 ou 1229.

On voit dans la pièce attribuée à Hugues de Bersie, qu'en 1228 il était déja avancé en âge. Nous supposons sa mort arrivée entre 1230 et 1240.

Nous avons de lui seize pièces, dont quelques-unes sont attribuées à d'autres troubadours. M. de Rochegude en a publié une; M. Raynouard, deux, dont une est la même que celle de M. de Rochegude, et un fragment d'une troisième.

Parnas. occit. p. 121.

Rayn. Choix, t. V, p. 152; t. IV, p. 121-126.

É--D.

JEAN D'AUBUSSON. NICOLET DE TURIN.

Mss. de la Bibl. du Vatican, n. 3207, fol. 50 et 54.
Mss. de la Bibl. Laurentiana, ch. 137.

Les détails de la vie de ces deux troubadours sont peu connus; on sait seulement que Jean d'Aubusson a composé une tenson avec Sordel; Nicolet de Turin, une avec Folquet de Romans, une autre avec Hugues de Saint-Cyr. D'Aubusson a aussi adressé à une dame de Provence une chanson commençant par ce vers:

Donna de chantar ai talen.

Mais, de plus, ils ont composé ensemble une tenson singulière, qui appelle ici notre attention.

Mss. du Vatican, n. 3207, f. 50.
Crescimbeni, Istor. della volg. poes. t. II, pag. 188.

On ne peut guère douter que Nicolet ou *Nicoletto di Turino* ne fût né à Turin, ou que du moins il n'eût habité long-temps cette ville. Le lieu de la naissance de Jean d'Aubusson est inconnu. Les auteurs italiens semblent se plaire à le croire leur compatriote. Dans le manuscrit du Vatican, n° 3207, au titre de sa tenson avec Sordel, il est nommé *Joanez dal Bucion*. Crescimbeni l'appelle *Giovani d'Albuzone*, nom qu'il croit dérivé de *Gianni dal Buscione* ou de *Gianni del Bosco*. La chanson que nous venons de citer (*Donna de chantar*) détruit ou affaiblit beaucoup ces conjectures, et montre assez évidemment qu'il était né dans la Provence orientale. « Va chanson, dit l'auteur dans l'en-« voi, auprès des meilleures dames que je connaisse, en « Provence et non ailleurs, et là, salue-moi de ma part toutes « les personnes les plus estimées, et surtout mon seigneur « Blacas.

Mss. de la Biblioth. Laurentiana, chans. 137.

Chanson, entre 'ls meillors q'eu sai,
E vas nulla autra part t'en vai,
En Proensa, saluda m lai,
De ma part, toz los plus presaz,
Sobre totz mon seignor Blacaz.

Mais quelle que puisse avoir été sa patrie, ce poète

XIII SIÈCLE.

éprouva, ainsi que Nicolet de Turin, les passions politiques qui animaient de son temps les habitants de la Lombardie. Tous deux étaient *Gibelins;* c'est leur admiration enthousiaste pour Frédéric II qui forme le sujet de leur tenson.

Frédéric, en 1235, ayant appris la révolte de Henri, son fils, roi des Romains, partit aussitôt de ses états de Naples pour l'Allemagne, afin de le soumettre, et il l'eut bientôt fait prisonnier. Pendant son absence, la ligue lombarde se renoua. Milan, Brescia, Mantoue, Bologne, Plaisance et d'autres villes relevèrent leurs étendarts contre le prince qu'elles appelaient *le tyran* de l'Italie; tandis, au contraire, que Crémone, Bergame, Parme, Reggio, Modène se déclarèrent de nouveau pour lui. Au mois de mai de l'an 1236, comme l'empereur se présenta aux marches de l'Italie avec son armée, les villes guelfes fermèrent leurs portes. Il les assiégea; les succès furent différents. Vérone fut prise, le territoire de Mantoue ravagé, Milan résista et garda la défensive.

Muratori, *Annali d'Italia*, t. X, p. 355.

Ibid. p. 362-366.

C'est dans ce moment que deux troubadours publient en langue provençale une tenson où ils proclament la grandeur de l'empereur, et prédisent ses victoires; et cette tenson va être chantée dans les villes en armes de l'un et de l'autre parti.

C'est Jean d'Aubusson qui interroge : « Seigneur Nicolet, « dit-il, d'un songe merveilleux qui me frappait une nuit « dans mon sommeil, je désire que vous me donniez l'explication, car il m'effrayait beaucoup. Devant un aigle venant « de Salerne, et volant de ce côté dans les airs, s'enfuyaient « tous les aigles autant qu'il en paraissait. Si bien, qu'il en « eût pris autant qu'il eût voulu, et que devant lui nul homme « n'aurait pu se défendre.

Mss. de la Bibl. Laurentiana, ch. 138.

En Nicolet, d'un songe qu'ieu sognava
Maravillios, una noit quan dormia,
Voill m'esplanez, que molt m'espaventava;
Tot los aigles d'un aigla que venia
Devers Salern sa per l'aire volan,
Et tot quant es fugia li denan...

Nicolet répondait : « Jean d'Aubusson, l'aigle représentait « l'empereur entré dans la Lombardie; son vol si élevé était « le signe de sa grande valeur, pour laquelle chacun fuyait « de ceux qui ont envers lui tort ou faute; car déja contre « lui ne pourraient empêcher ni terre, ni homme, ni autre

« chose (puissance) existante, qu'il ne soit, ainsi qu'il con-
« vient, maître de tout.

Joan d'Albuzon, l'aigla demostrava
L'emperador que ven per Lombardia,
E lo volar tant haut significava
Sa gran valor per que chascun fugia
De tot aicels que tort ni colpa li an;
Que ja de lui defendre no s poiran
Terra ni oms ni autre ren que sia,
Qu'aissi com taing del tot seignor non sia.

D'Aubusson continuait : « Nicolet, si grande tempête *me-
« nait* cet aigle que tout en retentissait; et une nef de
« Cologne arrivait plus grande que le dire je ne pourrais,
« plein de feu, par les terres naviguant; et l'aigle par la grande
« tempête soufflait le feu; et le feu allumait et embrasait
« tout de toutes parts là où l'aigle volait.

En Nicolet, tan gran aura menava
Aquest 'aigla que tot quant es brugia;
Et una nau de Cologna arivava
Maiers asaz que dir non o porria,
Plena de foc, per terra navigan;
E buffa'l foc l'aigla ab aura gran,
Si que lo focs ardea et alumnava
Vas totas parz lai on l'aigla volava.

Nicolet répliquait : « Le vent qui soufflait si fort est le
« grand trésor que l'empereur conduit en Lombardie, et la
« nef qu'il poussait est la grande armée des bans allemands,
« auxquels il donnera du trésor si grande quantité que cette
« armée montrera partout sa bravoure; et bien me plaît que
« les ennemis il châtie, et qu'aux amis il soit meilleur et bon.

Joan, l'aura (1) que tan fort ventava
Es gran tesaur que mena en Lombardia
L'emperaire, e la naus que portava
Es la grans ost dels Alamans bandia
A cui dera de lo gran tesaur tan
Que l'ost fara per toz loc son talan;
Et plaz mi fort qu'els enemicx castia,
E qu'als amicx meilhor e bon lur sia.

(1) Nous substituons le mot *aura* au mot *aigla* que porte le manuscrit de la Bibliothèque Laurentienne de Florence. La signification donnée au mot *aigla*, dans tout le cours de cette pièce, nous semble nécessiter ce changement.

Frédéric qui, dans cette espèce de guerre civile, voulait s'attacher Boniface III, marquis de Montferrat, comme il avait voulu s'attacher Guillaume, son père, respecta ses possessions, et lui fit même des concessions importantes. Frédéric dans toute sa conduite favorisa constamment les marquis de Montferrat. C'est apparemment pour lui témoigner la reconnaissance de ce prince, que les deux poètes ajoutent les strophes suivantes, où ils promettent à l'empereur de nouvelles victoires, et le proclament le bienfaiteur de l'univers:

Benvenuto di S.-Giorgio, Hist. M. Ferrati, apud Muratori, Script. etc. t. XIII, col. 380-382 seqq.

« Nicolet, il éteignait tout ce feu sur le Montferrat, cet « aigle, et il répandait une lumière si éclatante que le monde « entier s'en réjouissait, et il jetait encore sa lumière sur « tant d'autres contrées, que tout allait s'en félicitant. Puis « l'aigle s'asseyait au haut des airs, dans une région si élevée « qu'il veillait de là sur toute la terre.

En Nicolet, tot lo foc amorzava
Aquest aigla, et un gran lum metia
En Monferrat, que tan fort esclarava
Que lo segles per tot s'en esbaudia;
E metia d'autre lum per locs tan
Que tot quant es s'en anava allegran;
Pueis l'aigla sus en l'aire s'asedia
En tant alt loc que tot lo mon vezia.

Nicolet répond que la lumière qui brillait sur le Montferrat représentait les bienfaits de l'empereur envers ce pays et envers son prince, et que l'aigle s'asseyant au haut des airs, était l'image de Frédéric goûtant enfin dans le repos les fruits d'une domination universelle.

Les deux envois méritent aussi d'être rapportés. « A notre « empereur, honoré, puissant, plein de mérite, dit d'Au« busson; puisse Dieu, seigneur Nicolet, lui donner la force « et la volonté nécessaires pour qu'il rétablisse la valeur et « la courtoisie, comme il accroît chaque jour son pouvoir!

« Jean d'Aubusson, dit à son tour Nicolet, les bienfaits « de l'empereur m'empêchent de douter du bien qu'il doit « encore faire : de même qu'il étend sa seigneurie sur le « monde, de même il fera ressentir partout le prix de son « commandement. »

L'intention que nous supposons à ces deux poètes, d'acquitter la dette de Boniface III, diminue sans doute le mérite

XIII SIÈCLE.

ou le tort qu'ils peuvent avoir eu à tant exalter l'empereur sur son projet de dominer l'Italie; mais nous n'examinons point cette pièce dans ses rapports politiques ou moraux; nous ne nous arrêtons pas même à son mérite poétique, à l'élévation du style, à la noblesse du langage; une autre idée nous paraît mériter encore plus d'attention, c'est le choix même de cette langue des troubadours dans un sujet qui intéressait si vivement la masse de la nation italienne. Une grande querelle s'est élevée entre des villes lombardes qui défendent leur liberté, et le monarque qui prétend les asservir; les peuples sont divisés d'intérêts ou du moins d'opinion; toutes les passions sont en mouvement; la guerre est partout, une guerre populaire à laquelle tous les individus prennent part; deux poètes s'élancent entre les camps ennemis; ils célèbrent la cause qu'ils croient la plus propre à amener le bonheur public : qu'ils soient Italiens ou Provençaux, n'importe; le fait à remarquer c'est qu'ils chantent en langue romane-provençale; c'est dans cette langue qu'ils espèrent être entendus de Frédéric, de Boniface, du peuple de Milan, de celui de Mantoue, de Bologne, de Parme, de Modène! Tous ces peuples comprennent donc cette langue; et elle est, encore à cette époque, la plus propre à exprimer parmi eux des idées poétiques. C'est là un fait capital dont cette tenson, qui dut avoir de son temps une grande célébrité, nous donne une preuve. Cette remarque est trop importante pour ne pas mériter une place dans l'histoire des langues modernes. Ajoutons que nous sommes en 1236 ou 1237, et que le Dante naquit seulement en 1265. Du reste, l'aigle de d'Aubusson n'aurait pas mal figuré parmi les créations du génie d'Alighieri. E—D.

GUILLAUME DE LA TOUR.

PIERRE IMBERT.

Crescimbeni, Della volg. poes. t. II, p. 196.

GUILLAUME DE LA TOUR, comme Jean d'Aubusson, habita si long-temps en Italie, qu'il a été pris comme lui pour un Italien. Crescimbeni, qui le reconnaît pour Français, cite

XIII SIÈCLE.

cependant les auteurs du journal *De' Litterati d'Italia*, qui disent avoir de fortes raisons de le croire d'origine italienne, s'il n'était pas Italien de naissance. Né à un château nommé *la Tour* dans le Périgord, vers l'époque où la poésie et la musique étaient obligées de s'exiler des cours de ce pays, dont elles avaient fait si long-temps les plaisirs, il alla en Lombardie, et s'établit à Milan. Il avait assez de talent pour obtenir de brillants succès chez les princes : *E sabia cansoz assatz, e s'entendia e chantava e ben e gen, e trobava.* On lui reprochait seulement de faire des préambules un peu longs, lorsqu'il exposait le sujet de ses chansons avant de les chanter; ce qui nous peint un usage des jongleurs. Mais l'amour l'enchaîna de bonne heure. Il se passionna à Milan pour la femme d'un perruquier, l'enleva et alla vivre à Côme avec elle.

Peu de temps après, cette femme étant morte, il en conçut un si violent chagrin qu'il en perdit la raison. Il se persuada qu'elle avait feint d'être morte, afin de se séparer de lui. Pendant dix jours, il la conserva au-dessus du tombeau où elle devait être renfermée; chaque soir, ouvrant le cercueil, il l'en retirait, l'embrassait, l'appelait par son nom, lui demandait si elle était morte ou vivante, la conjurait de ne pas l'abandonner. Les habitants de Côme, instruits de sa folie, l'obligèrent à quitter leur ville. Alors il alla cherchant des devins qui pussent lui faire espérer que sa femme lui serait rendue. Il s'en trouva un qui lui promit qu'elle revivrait dans un an, si chaque jour il récitait à jeun un grand nombre de prières. Le malheureux troubadour se soumit à cet ordre, et, à la fin de l'année, voyant son attente déçue, il se livra au désespoir et se laissa mourir; *E se desesperet e laisset se morir.*

On voit dans une de ses pièces, qu'à l'époque où il jouissait de sa raison, il fréquentait la cour d'un marquis d'Est. Ce marquis, dit-il, lui avait donné en fief le droit de dire du mal de la gent méchante et perverse.

Del marques d'Est m'en clam que m det per feu
Qu'eu dixes mal del avol gent tafura.

Pièce commençant par *De Saint Martin*, Mss. de Modène, f. 188 verso.

Une autre de ses chansons est adressée à une princesse Jeanne d'Est, à laquelle il dit :

XIII SIECLE.

Pièce commençant par *Canson ab gais*. Mss. de la Bibl. roy. n. 7225, ch. 557, fol. 131 v.

E'l pretz bos
Qu'es de vos
Fai lo nom d'Est cabalos.

« Votre grand prix rend le nom d'*Est* de plus en plus « honorable. »

On connaît de lui treize pièces dont onze sont des chansons d'amour, et deux des tensons, l'une avec Sordel, l'autre avec un poète nommé Imbert (vraisemblablement Pierre Imbert), toutes deux sur des sujets galants.

La chanson adressée à Jeanne d'Est se compose de six strophes chacune de seize vers, dont huit de sept syllabes et huit de trois.

Canson, ab gais motz plazens,
Avinens,
Entendens,
Vol qu'en retrai mos sens;
En que m plaing als fins amans
Dels affans
E dels dans
Que m don' amors trop pesanz;
Don mi fai assi languir
E delir;
Que garrir
No m vol, ni laissar morir.
Doncs s'ieu m'en part, aissi fatz,
Com senatz,
Mai sapchatz
Non si com enamoratz.

« Chanson, par des mots gais, agréables, expressifs, je « veux rappeler ma raison; je me plains par tes vers aux « tendres amants, des peines, des souffrances que me donne « amour trop pesant, qui me fait languir et perdre la raison; « car me guérir il ne le veut, ni me laisser mourir. Que si je « m'en sépare, ce sera en homme de sens; mais sachez que « ce ne sera point en homme passionné. »

Rayn. Choix, t. V, p. 317.

Pierre Imbert est auteur d'une chanson où il invoque l'amour.

Nous venons de voir que Guillaume de la Tour était contemporain de Sordel; mais il dut mourir avant lui, puisque sa démence abrégea sa vie.

Rayn. Choix, t. V, p. 212; t. IV, p. 33.

M. Raynouard a publié des fragments de deux de ses chansons, et sa tenson entière avec Sordel. E—D.

RAIMOND VIDAL

DE BEZAUDUN.

Ce troubadour, né à Bezaudun, petite ville de Provence, et connu sous la dénomination de Raimond Vidal *de Bezaudun*, est auteur de quatre pièces de vers. Deux sont des chansons érotiques d'un mérite assez médiocre. Dans l'une de ces chansons, il célèbre sa dame, à l'époque où la saison nouvelle ramène des jours plus doux, entre le signe du Taureau et celui des Gémeaux, et, en témoignage de sa tendresse, il la recommande à Dieu créateur, qui a fait la lumière, le mois de mai et toutes les merveilles de la nature.

Pièce commençant par *Entre'l taur'e'l doble signe*. Mss. de la Bibl. roy. 2726, fol. 340.

Ce poète est plus digne d'attention dans ses deux autres pièces, qui sont des contes en vers de huit syllabes, d'un style naïf, rimés avec facilité, dans le genre des *Nouvelles* de Boccace quant à la nature des anecdotes. Raimond Vidal a écrit en vers des contes semblables à ceux que les jongleurs récitaient. On peut le considérer comme un jongleur qui a écrit ses récits, et il nous donne en cela une idée de cette espèce de comédiens qui, par la forme de récits donnée à leurs drames, et quelquefois par leurs gestes, représentaient tour à tour chacun des personnages qu'ils mettaient en action.

L'un de ces contes, commençant par *En aquel temps*, est celui qui fit naître la question d'amour que l'auteur dit avoir été soumise à la décision de Hugues de Mataplana, et dont nous avons parlé à l'occasion de ce troubadour. C'est dans ce conte que l'auteur cite les troubadours Bernard de Ventadour, Arnaud de Mareuil, Raimond de Miraval, Faidit, Giraud de Borneilh, Rambaud de Vachères, Hugues Brunet, Folquet (de Marseille), Perdigon; ce qui, d'une part, nous montre l'autorité que ces poètes avaient acquise par leurs opinions en fait d'amour, et de l'autre nous indique l'époque où Raimond Vidal florissait.

Mss. de la Bibl. roy. 2701, fol. 125, chans. 944. Suprà, p. 573 et suiv.

Le second de ces contes commence par ces vers :

Unas novas vos vuelh contar
Que auzit dir a un joglar
En la cort del pus savi rey
Que anc fos de neguna ley,
Del rey de Castela n'Amfos.

Mss. de la Bibl. roy. 2701, fol. 127, ch. 945.

XIII SIÈCLE.

M. Raynouard l'a publié en entier. Millot en a donné une traduction par extraits. On voit dans le récit du poète, que le roi de Castille, devant qui il dit avoir raconté sa nouvelle, est Alphonse IX, car il est le mari d'Éléonore, fille d'Henri II, roi d'Angleterre; par conséquent ce conte a été composé avant l'année 1214, qui est celle de la mort d'Alphonse.

Choix, etc. t. III, p. 398.
Millot, t. III, p. 396.

Le poète raconte qu'un seigneur d'Aragon, nommé Alphonse de Balbastre, avait une femme nommée Alvire, belle et agréable. Cette dame était aimée d'un seigneur nommé Bascol, qui tenait en fief une terre donnée par Balbastre. Elle était fort affligée de cet amour; mais, en femme très-sage, elle aimait mieux le souffrir que d'en instruire son mari, de crainte de le chagriner:

Don ilh n'avia al cor gran ira;
Pero mais amava sofrir
Sos precx, que a son marit dir
Res per que el fos issilhatz.

Cependant le seigneur Balbastre ayant conçu de la jalousie, imagina de feindre un voyage, et vint la nuit frapper à la porte de sa femme, se donnant pour Bascol. La dame, qui le reconnut à sa voix, feignant d'être persuadée que c'était Bascol, le repoussa, le frappa, lui aracha les cheveux, sortit, le laissa meurtri et l'enferma dans la chambre. En même temps elle courut à l'appartement de Bascol, l'appela; maintenant, mon ami, lui dit-elle, je ne te refuse plus rien.

Dès qu'elle voit venir le jour, Alvire sort; elle appelle les voisins, dit que Bascol est renfermé chez elle, qu'il faut l'assommer; on court, on s'élance dans la chambre; le mari se sauve à peine en se faisant reconnaître, et il parvient enfin à désarmer sa femme, à force de supplications.

La moralité de ce conte est celle-ci : « Roi loyal, dit le « poète à Alphonse, et vous, reine, dont la vertu et la beauté « sont le cortége, défendez la jalousie à tous les hommes « mariés de vos états, car les femmes ont tant de ruse et tant « de puissance que, dès qu'elles le veulent, elles donnent au « mensonge l'apparence de la vérité, et à la vérité l'air du « mensonge :

Elas an be tant gran poder
Que messonja fan semblar ver
E ver messonja eissamen,
Can lor plai, tan an sotil sen.

Ce conte, ajoute le poète, fit tant de plaisir à la cour d'Alphonse, qu'il n'y eut personne, dame ou chevalier, baron ou demoiselle, qui ne fût empressé de l'apprendre par cœur; on l'appela *le Chatie jaloux*, ou le Châtiment du jaloux :

E que cascus no fos cochos
D'apenre CASTIA GILOS.

Il fait le sujet d'une des Nouvelles de Boccace. E—D.

ARNAUD PLAGUÉS.

Ce troubadour n'est connu que par une tenson avec Hugues de Saint-Cyr, et deux chansons érotiques, l'une dédiée à un roi de Castille, l'autre adressée concurremment à une dame Éléonore et à Béatrix de Savoie, femme de Raimond Bérenger IV, comte de Provence. La tenson d'Arnaud avec Hugues de Saint-Cyr nous indique seulement que ce poète florissait dans la première moitié du treizième siècle. Les deux envois simultanés à Éléonore et à Béatrix nous donnent des renseignements plus positifs; car cette dernière princesse n'ayant été mariée qu'en 1219, la première ne peut être ni Éléonore d'Aragon, femme de Raimond VI, tombée dans les derniers malheurs avant cette époque; ni Éléonore d'Angleterre, femme d'Alphonse IX, roi de Castille, veuve en 1214, et descendue du trône en 1217, par la mort d'Henri Ier, son fils. La dame à qui le poète adresse ses vers est visiblement Éléonore de Castille, mariée, en 1221, avec Jacques Ier, roi d'Aragon, et sœur de Blanche, reine de France, femme de notre roi Louis VIII. Ces deux princesses, savoir Éléonore et Béatrix, dans tout l'éclat de la jeunesse et de la beauté, entre les années 1221 et 1223, purent obtenir concurremment l'encens du poète.

Quant au roi de Castille, il s'agit assez évidemment d'Alphonse IX, père de Blanche et d'Eléonore, mort en 1214, protecteur de Folquet de Marseille et de plusieurs autres troubadours.

La chanson qui lui est dédiée n'est guère qu'un jeu d'esprit, à l'occasion du mot *plagues, qu'il plût*. « Bien voudrais, dit le poète, que ma dame connût mon cœur comme « je le connais moi-même, et *qu'il lui plût* que je fusse là « où se trouve sa personne courtoise et gaie :

XIII SIÈCLE.

Mss. de la Bibl. roy. n. 7698, p. 71, col. 2.

Ben volgra mi dons saubes
Mon cor aissi com ieu 'l sai,
Et que 'l *plagues* qu'ieu fos lai
On es sos gais cors cortes....

« Chanson, en Castille tiens ta route, vers le roi qui répare « les malheurs, etc.

Canso en Castella ten via,
Al rei qu'adoba 'ls destrics, etc.

La pièce dédiée à Éléonore et à Béatrix est une déclaration d'amour, qu'on voit bien s'adresser à une personne d'un rang élevé. Elle commence par ces vers :

Même mss., même page, col. 1.

Ben es razos qu'ieu retraya
Una chansoneta gaia,
E sol c'a ma dona plaia,
De cui soi hom e servire :
Gen mi sera pres
Car apres ai que res,
Si bon non es,
No'l platz ni'l agensa.

Bien il est raison que je dise
Une chansonnette gaie,
Et il suffit qu'à ma dame elle plaise
De qui je suis homme et serviteur ;
Agréable me sera la récompense,
Car j'ai appris que rien,
S'il n'est bien,
Ne lui plaît et ne lui convient.

Après l'éloge d'Éléonore, le poète dit, en parlant de Béatrix :

Proensa, bel m'es,
Car a mes
Savoya en vos totz bes
Ab pros dona gaia.

Provence, cela est beau pour moi
Que a mis
La Savoie en toi tous les biens
Avec une dame honorable et gaie.

Ces trois dédicaces au roi de Castille, à la comtesse de Provence, à la reine d'Aragon, nous montrent Arnaud Plagués comme connu et protégé dans ces trois souverainetés, y ayant apparemment voyagé, et ayant par conséquent chanté ses vers en langue provençale à Barcelone et à Burgos, tandis que d'autres troubadours parlaient la même langue à Milan et à Mantoue.

Dans le manuscrit dit de Durfé, la dernière de ces chansons est transcrite sous le nom d'Arnaud Catalan. Cette confusion a pu venir de ce que ce dernier poète a dédié plusieurs de ses pièces à Béatrix de Savoie. On peut le regarder comme le poète de cette illustre comtesse de Provence. Mais la même pièce se trouve sous le nom de Plagués, dans le manuscrit dit *de Mazaugues,* et dans celui de la Bibliothèque royale, qui porte le numéro 7226.

Mss. de Durfé, Bibl. roy. 2701, fol. 17, ch. 177.

Mss. de la Bibl. roy. 7226, fol. 359.

M. de Rochegude a publié en entier la pièce commençant par *Ben volgra,* et adressée au roi de Castille. M. Raynouard a donné le couplet adressé à la reine Éléonore. E—D.

Parnas. occit. p. 357.

Choix, t. V, p. 50.

GUILLAUME DE S. GRÉGORI.

Ce troubadour est connu par quatre pièces dont une est sa tenson avec Blacas, de laquelle nous avons parlé à l'article de ce dernier. Deux autres sont des chansons d'amour, et la quatrième est une satire contre un évêque nommé Aimar, accompagnée de l'éloge de Prebost, oncle de cet évêque, où l'auteur joue par des épigrammes sur l'intime union de la chair et de l'*ongle,* à propos de la parenté de l'évêque avec son *oncle.* M. Raynouard a imprimé les deux premiers couplets de cette pièce.

Ci-dessus, p. 566.

Rayn. Choix, t. IV, p. 27.

Pièce commençant par *Ben grans avolesa.*

Mss. de Modène, f. 198.

Choix, t. V, p. 210.

Une cinquième ferait plus d'honneur à son talent que toutes celles-là, si elle pouvait lui être attribuée avec sûreté. C'est celle qui commence par ce vers : *Be m platz lo gais temps de pascor.*

Le retour du printemps enchante le poète ; mais ce n'est pas seulement par ses feuilles et ses fleurs, c'est par les guerres, les siéges, les batailles, dont cette saison annonce le retour. « Bien me plaît quand je vois par les prairies tentes « et pavillons plantés.... quand les coureurs font fuir « devant eux gens et troupeaux... Mon cœur se réjouit « quand je vois les forts châteaux assiégés, les remparts en« foncés et renversés, quand je vois la troupe dans le camp

XIII SIÈCLE.

« garni tout autour de barrières et de fossés, et la lisse formée
« de gros pieux serrés les uns contre les autres ;

E plaz mi qand li corredor
Fan las gens e l'aver fugir....
E plaz mi a mon coratge
Qand vei fortz chastels assegatz
E'ls barris rotz et esfondratz,
E vei l'ost el ribatge
Q'es tot en torn clauz de fossatz,
Ab lissas de fortz pals serratz.

Le poète ne se plaît pas moins à voir le chef commencer l'attaque, les chevaux s'élancer, les escadrons se mêler, les armes brisées, les blessés et les morts tombant de leurs chevaux, traversés de lances sur lesquelles flottent des banderoles.

Cette pièce, pleine de poésie et d'harmonie, honore son auteur quel qu'il soit. Le manuscrit 7226 de notre Bibliothèque royale la donne à Lanfranc Cigala, et le manuscrit dit *de Caumont* à Bertrand de Born ; mais celui de la Bibliothèque royale, n° 7614, l'attribue à Guillaume de Saint-Grégori, et l'envoi confirme cette tradition, car il est adressé à la comtesse Béatrix, de haut lignage, la meilleure et la plus belle dame du monde ; désignation qui se rapporte assez évidemment à Béatrix, comtesse de Provence, femme de Raimond Béranger IV. Or Bertrand de Born mourut vers l'an 1208, et difficilement Lanfranc Cigala, qui était Italien, aurait-il pu s'exalter de cette manière sur le mérite de Béatrix. La tenson de Guillaume de Saint-Grégori avec Blacas, et l'éloge de Béatrix, indiquent les époques où ce poète vivait.

Mss. 7226, f. 343.
Mss. de Caumont, fol. 173.
Mss. 7614, f. 205.

E—D.

DIVERS TROUBADOURS.

Le nombre des troubadours est si considérable, que pour en omettre le moins possible, et renfermer cependant ces notices dans un nombre de pages modéré, nous sommes obligés de parler de quelques-uns de ces poètes d'une manière très-sommaire, et d'en grouper même plusieurs ensemble. Ce sont ceux dont il subsiste le moins d'ouvrages, ou qui n'ont occupé par leurs talents que des rangs secondaires, et de qui en même temps les vers n'ont aucun rapport avec les affaires publiques de leur époque.

I. RAIMOND DE SALAS est du nombre de ces derniers. Ce troubadour, que Crescimbeni appelle *Raimondo di Sala*, et qu'il dit être nommé dans un des manuscrits de la Bibliothèque *Laurenziana* de Florence, *Raymon de la Sala*, était un bourgeois de Marseille, qui fit seulement de l'art des vers son amusement. Son biographe, qui a renfermé sa notice en trois lignes, dit qu'il ne fut ni très-connu, ni très-estimé : *No fo mout conogut, ni mout prezatz.* Ce passage pourrait bien ne pas signifier autre chose sinon que Raimond de Salas ne voyagea point, et ne chercha sa renommée que dans le cercle de ses amis et de ses concitoyens. On voit dans une de ses chansons, qu'il offrit ses hommages poétiques à une dame Rambaude des Baux, de la famille des vicomtes de Marseille.

On connaît de lui quatre pièces. Deux sont des plaintes contre l'amour, qui le rend plus malheureux qu'un serf ou un Sarrazin,

> .....Quez (1) anc nuls Sarazins
> Non soffri tan de pena ni d'afan,

Pièce commençant par *No m puosc partir.* Mss. de Modène, fol. 87.

à cause de la passion qu'il éprouve pour une dame qu'il adore sans en être aimé : *E de cui sui tot dezamatz amans.*

C'est cette pièce qui est dédiée à la dame des Baux.

Pièce commençant par *Domna qu'a conoissenza.* Mss. de la Bibl. roy. 7225, f. 108, ch. 439.

Hist. littér. t. XVII, p. 505.

Une troisième chanson est un dialogue entre une dame de haut parage et lui, où il déclare à cette dame qu'il est amoureux d'une personne d'un rang beaucoup plus élevé que le sien, et qu'il meurt faute d'oser déclarer sa passion, et où cette dame lui répond qu'en amour il faut de la hardiesse, et qu'elle lui conseille de faire connaître ses sentiments. Cette chanson paraît être une imitation de la scène de Rambaud de Vachères avec Béatrix de Montferrat.

Si m fos grazitz. Même manuscrit 7225, f. 108, ch. 438.

La quatrième pièce enfin est un dialogue où la dame lui avoue qu'il est aimé, et qu'il ne peut y avoir de joie pour elle qu'en l'aimant : *Car gaug entier no puosc ses vos aver.*

(1) La lettre *Z* est placée là pour l'euphonie, et particulièrement pour qu'on n'élide pas l'*e* avec l'*a*. Cette observation trouverait souvent son application.

XIII SIÈCLE.

Papon, Hist. de Prov. t. II, p. 402.

Papon place ce poète à l'an 1196, sans donner aucune preuve à l'appui de son opinion. L'imitation qu'il a faite de l'aventure de Rambaud de Vachères le rapproche davantage de nous. La dame des Baux n'est pas connue.

Choix, t. V, p. 393.

M. Raynouard a publié des fragments de deux pièces de ce poète.

Crescimbeni, loc. cit. p. 220.

II. HUGUES DE BERSIE. — Ce poète et le trouvère nommé *Hugues de Bersil,* auteur du poème satirique appelé *la Bible*, et dont il sera parlé tout à l'heure à l'occasion des poètes français, ne sont très-vraisemblablement qu'un seul personnage. En effet, le prétendu troubadour et le trouvère s'étaient rendus tous deux dans le Montferrat, à l'époque du départ pour la croisade de 1202; l'un, sur le point de partir, invita Folquet de Romans à l'accompagner; l'autre alla réellement en Syrie, ainsi qu'on le verra ci-après, dans le texte de son propre ouvrage. Ces rapprochements nous donnent déja une forte présomption de leur identité. Mais ce qui complète la conviction, c'est le mauvais langage, plus français que provençal, de la pièce de vers où le poète veut engager Folquet de Romans à prendre la croix. Hugues dit à son jongleur:

Ci-dessus, p. 625.

Mss. du Vatican, 3207, fol. 46.

Bernart, di m'a Fauqet q'om tint por sage,
Qe n'use pas tot son sen en folia,
Qe nos avem gran part de nostre atge,
E je e el usiei en lecaria,
E del siégle avein ja tant apris
Qe bien savom qe çaqe jor vaut pis.
Porqe feroit bon esmender sa via,
Qar a la fin es for de juglaria.

Nous copions le manuscrit du Vatican 3207. Si nous suivions le manuscrit de Modène, apparemment plus conforme au texte original, nous y trouverions bien plus de formes et de mots français; tels seraient ceux-ci: *Qe n'empleit pas tot son sen en folie; — qe ben savons qe chascun jorn vaut pis.* Dans un autre couplet, il dit que lorsque quelqu'un *a sa mason ben plena e ben garnie, qui ne cuide soit autre paradis;* et il ajoute: Ne pensez pas ainsi, Folquet; *Non o pensez, Folqet, biaus dolz amis, mas faites nos outramer compaignie, qe tot se faut, mas Dieus no faudra mie.*

Mss. de Modène, fol. 210.

On voit que le poète français, en s'appliquant à rimer en provençal, a mêlé malgré lui les deux langues.

Il est donc à peu près démontré que le trouvère Hugues de Bersil et le troubadour désigné par Crescimbeni sous les noms de *Ugo de Bersia, detto N'uc de Bersie*, ne sont qu'une seule personne. On parlera plus tard des poésies françaises de ce trouvère.

Crescimbeni, loc. cit. t. II, p. 220.

III et IV. BERTRAND DE GORDON. PIERRE RAIMOND. — Ces deux troubadours sont auteurs d'une tenson où Gordon attaque Raimond sur son esprit, son jugement, son talent, son instruction, ses mœurs; et où Raimond accuse cet écrivain satirique de lâcheté, de dissimulation et d'avarice.

Mss. de la Bibl. roy. 7225, fol. 162, ch. 699.

Rayn. Choix, t. V, p. 101.

Totz tos afars es niens,
Peire Raimon, e'l sens frairis, etc.

Millot suppose que Bertrand de Gordon était un seigneur du Querci servant dans l'armée de Montfort, au siege de Toulouse, en 1217. Cette supposition n'a rien d'impossible. Mais ce qui est plus curieux, c'est de reconnaître qui est Pierre Raimond, afin de savoir si l'illustre troubadour de ce nom, homme sage et spirituel, *savis homs e subtils*, qui passa la plus grande partie de sa vie auprès de Raimond V, comte de Toulouse, mort en 1194, d'Alphonse II, roi d'Aragon, et de Guillaume VIII, vicomte de Montpellier, morts, le premier en 1196, le second en 1202, aurait pu être accusé, même dans une mauvaise satire, d'être un esprit vil et chétif, *sens frairis*, un homme sans consistance et dénué de tout.

Millot, t. II, p. 442.
D. Vaissette, t. III, 303.

Dom Vaissette a soupçonné l'existence de deux troubadours nommés Pierre Raimond, tous deux natifs de Toulouse. Notre prédécesseur Ginguené a eu la même pensée. Cette conjecture devient une certitude, quand on voit le biographe de Pierre Raimond, du troubadour courtisan de Raimond V et de Guillaume VIII, l'appeler Pierre Raimond *le vieux*, *lo viells*, ce qui annonce l'existence d'un Pierre Raimond *le jeune*. Nostradamus prouve lui-même sans s'en apercevoir, qu'il a existé deux poètes de ce nom, nés tous deux à Toulouse, quand après avoir dit que celui dont il écrit la vie mourut en 1225, il ajoute qu'il alla dans la Syrie avec l'empereur Frédéric; ce qui ne pourrait concerner que Frédéric II, croisé en 1229. Jamais d'ailleurs Raimond *le vieux* ne se croisa, car un fait aussi important n'eût point été omis par son biographe. C'est

D. Vaissette, t. III, p. 96.
Hist. littér. t. XV, p. 457.

XIII SIÈCLE.

le jeune qui fut appelé Raimond *le preux;* c'est lui qui composa, si le récit de Nostradamus est fidèle, un écrit contre les Albigeois pour la défense de la foi catholique; et c'est lui qui, de retour de la croisade, devint amoureux de la dame de Codollet. Mais tout cela suppose qu'il vécut encore long-temps après l'année 1229. Le surnom de *preux* qui pouvait lui venir de la croisade, montre qu'il ne méritait en aucune manière les injures rassemblées contre lui par Gordon. Nous plaçons sa mort entre 1240 et 1250.

Mss. 7225, f. 148, ch. 637. Mss. du Vatican, 3204, fol. 134. Mss. de la Bibl. Ricardi, ch. 137, 138.

V. RALMENZ BISTORS, d'Arles. — Ce troubadour, nommé *Ralmenz Bistortz* dans le manuscrit de notre Bibliothèque royale, nº 7225, et dans celui du Vatican, 3204, porte le nom de *Ramonz Bistortz d'Arle,* dans le manuscrit dit *de Chigi,* de la Bibliothèque Ricardi. C'est là qu'on voit qu'il était natif d'Arles. Il est auteur de cinq chansons, toutes à la louange d'une dame Constance d'Est, apparemment Constance, fille d'Azon VI. « Qui veut voir réunis, « dit-il, une parfaite beauté, une noble prestance, un air « décent et qui se fait respecter, la grace avec la jeunesse, « la vertu avec l'esprit, vienne voir ma dame, la dame « Constance.

Pièce commençant par *Qui vol vezer.* Mss. Chigi ch. 139.

Vegna vezer ma dompna, Na Costansa.

Ce passage nous indique que Ramons ou Raimons d'Arles, lorsqu'il composait ces vers à la louange de la princesse d'Est, se trouvait auprès d'elle, en Italie. Le poète arlésien est par conséquent un des troubadours qui ont séjourné en Italie dans le treizième siècle. « Que ne puis-je, ma chère « dame, dit-il ailleurs, posséder un seul jour votre beauté, « et que ne pouvez-vous un seul jour éprouver ma passion « et mes souffrances!... Je recevrais bientôt de vous le « secours que j'ambitionne.

Pièce commençant par *Ar agues eu.* Même mss. ch. 140.

Ar agues eu, dompna, vostra beutatz,
E vos aguetz totas mas voluntatz....
E pois be sai que m fariatz secors.

Crescimbeni, loc. cit p. 208.

Crescimbeni présume que ce poète avait pris part à une croisade, et que son nom de *Ralmenz* avait pu venir de *Ramiero,* titre qu'on donnait aux pélerins revenant de la Terre-Sainte, à cause de la palme dont ils se paraient en signe de leur heureux retour. Cette opinion n'est fondée sur rien de solide; mais elle peut nous faire supposer que Raimond florissait ou en 1202 ou en 1229, et que sa mort est postérieure à l'une ou à l'autre des croisades de ces deux époques.

VI. PUJOLS ou POJOLS dans deux pièces de vers, les seules qui restent de lui, déplore la perte que le monde a faite par la retraite de deux sœurs, princesses de la maison des Baux, entrées au couvent de Saint-Pons, près de Gémenos, au diocèse de Marseille, pour s'y faire religieuses. « Hélas! « dit le poète, Blacas pleure, et moi aussi, Pujols.... Vous « m'avez laissé veuf de toute joie, belle Huguète, votre sœur « (Étiennette) et vous.... Blacas en perdra la vie; et si la « douleur le fait mourir, ce sera pour Sordel une grande « affliction. » Le poète finit par se représenter ces deux jeunes filles montant au ciel, portant des couronnes et chantant des hymnes avec les anges.

E montaran ab los angels aussors,
E portaran corona resplandens,
E chantaran un verset de plazensa.

Rayn. Choix, t. V, p. 367, 368.

Mss. de la Bibl. roy. 7226, fol. 355.

Ces deux pièces sont pleines de grace et d'esprit. M. Raynouard les a publiées presque en entier.

VII et VIII. EBLES DE SIGNE, *N'Ebles de Saignas.* GUILLAUME GASMAR. — Ebles de Signe était un seigneur du village de ce nom, situé dans le diocèse de Marseille. Il n'est connu que par une tenson qu'il a composée avec Guillaume Gasmar. C'est Guillaume qui interroge: « Ebles, « choisissez, lui dit-il, lequel a plus de souci et de tourments, « ou celui qui doit payer une grosse somme et ne le peut, « et de qui le créancier ne veut point attendre; ou celui qui « a renfermé dans une dame son cœur et sa pensée, et n'en « peut rien obtenir : *N'Ebles cauzetz la meillor...*

Mss. de la Bibl. roy 7698, pag. 215.

Ebles répond que la douleur d'amour est le pire de tous les maux: « J'ai éprouvé, dit-il, l'une et l'autre peine; cela « ne peut se comparer.

Per qu'ieu sai com per eisaiar,
Que non se fai a comparar
Dolors d'amor.

Papon, Hist. de Prov. t. III; p. 463.

Papon fait remarquer qu'au treizième siècle, le village de

XIII SIÈCLE.

Signe appartenait à une branche cadette de la maison de Marseille; ce qui peut faire croire qu'Ebles était un seigneur de la maison des Baux. Crescimbeni présume que Gasmar est le même que Guillaume Adhémar, de qui il a été question au tome XIV du présent ouvrage. Cette supposition est purement gratuite. M. Raynouard a distingué ces deux poëtes.

Crescimbeni, loc. cit. p. 193. P. 567.

Choix, t. V, p. 178-199.

IX. PONS BARBA. — La patrie et l'histoire de ce troubadour sont entièrement inconnues. Il ne reste de lui que deux pièces, dont l'une est un sirvente contre les rois qui ne récompensent pas dignement le mérite; l'autre une chanson érotique. « Un sirvente est déloyal, dit le poëte, s'il « n'ose dire également la vérité aux petits et aux grands. » Appuyé sur ce principe, il se plaint de ce que les grands repoussent l'homme de mérite qui les reprend de leurs fautes, et élèvent les flatteurs qui les trompent,

Mss. de la Bibl. roy. 7225, fol. 197. ch. 669. Mss. de Modène, fol. 260.

Car loingnon los chastiadors,
E vei ricx los cossentidors,
Car faillir laissan lor signors.

Appliquant sa morale à un roi Alphonse, il s'écrie: « Tout « est retourné sens dessus dessous dans sa cour; lui qui était « notre chef et la source de tous les dons, nous voyons qu'il « est devenu (pour nous) inutile et en pure perte.

Que vout es de sus en jos,
Qu'en la cort del rei N'Anfos,
Caps de nos, era fons de dos,
Vezem qu'es vengut en perdos.

« Roi d'Aragon, ajoute-t-il, enfin nous revenons à vous, « car vous êtes le chef de tout bien et le nôtre.

Reis d'Aragon, tornem a vos,
Car etz capz de bes et de nos.

La chanson érotique s'adresse sans doute à une haute dame, modèle de sagesse autant que de grace. Elle se termine par cette pensée délicate : « Votre charme s'accroît par votre « instruction et votre esprit; c'est par là que vous récom- « pensez vos amants; vous obtenez avec d'aimables paroles « et des promesses différées, plus de reconnaissance que « celles qui accordent davantage.

Mss. de Modène, fol. 260.

Ar aisso us fai socors, sabers e sens,
Ab que pagatz aissi los entendens,
Qu'ab plazens ditz et ab faits alongan,
N'avez mais grat que cellas que plus dan.

Il est assez visible que ces vers appartiennent à l'époque heureuse des troubadours, c'est-à-dire aux temps antérieurs à la guerre de la ligue. Mais il n'est pas nécessaire de remonter avec Millot jusqu'à Alphonse II, roi d'Aragon mort en 1196. Cet écrivain nous semble n'avoir pas remarqué que le roi Alphonse qui était la source des dons, *era fons de dos*, n'est pas la même personne que le roi d'Aragon, auprès de qui les poètes doivent revenir, parce qu'il est (vous êtes) le chef de tous les biens, *car etz capz de bes*. Nous supposons que le roi d'Aragon est Pierre II, et le roi sur qui frappe la critique, Alphonse IX, roi de Castille, de qui les guerres ruineuses modérèrent la générosité.

M. Raynouard a publié des fragments des deux pièces de ce poète. Rayn. Choix, t. V, p. 351.

X. RAMBAUD DE BEAUJEU.—Fatigué de voir que toutes les prospérités sont pour les méchants, ce poète veut, dit-il, courir le monde, pour savoir si le mérite se maintient avec honneur quelque part. Il ira bientôt chez les Lombards voir de ses yeux le vaillant roi des Allemands (Frédéric II), afin de juger s'il est digne de l'éloge qu'on fait de lui, et auquel le poète est disposé à croire.

Et ira m'en entr'els Lombards breumen,
A l'onrat rei presat, pros e valen,
Dels Alemans en cui creis que pretz sia.

Cette pièce est adressée à un seigneur nommé Pierre. C'est la seule qui soit restée de ce troubadour. M. Raynouard en a publié des fragments. Rayn. Choix, t. V, p. 400.

XI. BERTRAND DE PARIS EN ROUERGUE.—Ce troubadour, vraisemblablement natif de Paris dans le Rouergue, et dit *Bertrand de Paris*, ne nous a laissé qu'une seule pièce; c'est un sirvente adressé à Gordon, où il veut rabaisser les connaissances et le talent de ce poète, et où il se place lui-même fort au-dessus de lui. « Vous ne savez faire, lui dit-il, « ni chansons, ni sirventes, ni discours, compositions aux- Mss. de la Bibl. roy. 2701, fol. 137, chans. 967.

« quelles cependant vous vous livrez dans les cours; vous « ne savez aussi bien que moi, ni les histoires d'Absalon, de « Nabuchodonosor, du roi Priam, d'Achille, d'Alexandre, « de Charlemagne, etc., ni les aventures de Tristan, du roi « Marc, du géant que Dieu enleva de son château, de Gé- « rard, de Dariel le courtois, etc. » Ce qu'on peut supposer de plus vraisemblable, c'est que l'auteur de cette pièce voulut tourner en ridicule les jongleurs de son temps, qui tiraient encore vanité de posséder ces histoires, à une époque où la poésie et les connaissances littéraires avaient déja fait tant de progrès. Nous avons placé l'âge moyen de Gordon, dans notre notice ci-dessus, au temps où Montfort assiégeait Toulouse.

Suprà, p. 641.

M. Raynouard a publié un long fragment de ce sirvente.

Choix, t. V, p. 102.

XII. JEAN D'AGUILA ou D'ANGUILEN est auteur d'une chanson érotique où il demande pardon à l'amour du mal qu'il a dit de lui.

S'ieu anc per fol' entendensa
Fuy contra 'l voler del sen,
Amors, aras m'en repren....

Mss. de la Bibl. roy. n. 2701, f. 17, ch. 175.

Cette chanson a deux envois, le premier au seigneur de Montpellier, qui se trouvait alors dans cette ville, lequel ne peut être que Jacques Ier, roi d'Aragon; le second, au comte de Toulouse, seigneur de la terre d'Argense:

Pueys (chanso) di m al conte prezan
Cuy es Tolozan et Argensa....

Or, la terre d'Argense, située entre Beaucaire et la mer, le long de la rive droite du Rhône, n'ayant été rendue à Raimond VII qu'en 1241, époque où Jacques Ier eut une entrevue avec lui à Montpellier, la chanson de Jean d'Anguilen porte par cela même sa date. Elle a été composée très-vraisemblablement en l'année 1241, et par conséquent adressée à Raimond VII, après sa rentrée dans ses états: cette particularité peut lui donner quelque intérêt. Nous y voyons que les troubadours avaient repris leurs chants à cette époque dans le Toulousain.

D. Vaissette, t. III, p. 268, 425.
Ibid. p. 424.

Cette pièce a été attribuée à Arnaud Catalan; mais le long séjour de ce poète en Italie rend cette opinion peu vraisemblable.

Mss. de la Bibl. roy. 7698.
Choix, t. V, p. 235.

M. Raynouard en a publié un fragment. É—D.

MONTANT SARTRE.

Ce troubadour, simple tailleur, nous ramène vers les affaires publiques. Montant, surnommé *Sartre, ou le tailleur,* est différent de Montant sans surnom dont il sera question dans notre volume prochain. Passionné pour les intérêts de Raimond VI, voyant l'invasion de la ligue faire de nouveaux progrès, et apparemment vers les années 1212 ou 1215, il adressa un sirvente à ce prince, où il lui reprocha la mollesse de sa défense. « Comte de Toulouse, lui dit le poète, « il n'est plus temps que je vous cache ma pensée. Je vois la « guerre que vous fait le roi des Français, prendre de nou« velles forces. Si, dès ce moment, votre valeur ne se préci« pite, c'est qu'elle n'est ni franche ni impétueuse, et je ne « vous tiens plus pour homme de cœur.

Mss. du Vatican, 3794, fol. Rayn. Choix, t. V, p. 268. Pièce commençant par *Coms de Tolsan.*

Coms de Tolsan, ja non er qu'ie us o priva,
Veiaire m'es que'l guerra recaliva
Del rei franses, e s'ara no s'abriva
Vostra valors, non es veira ni viva,
Ni us en ten
De prez valen...

Après une strophe contre les Français qui, dit-il, sont ivres jour et nuit, le poète continue : « Si vous ne déployez « vos enseignes contre les Français qui désolent vos états, « personne n'aura plus confiance en vous; puis ils se diront « (ce qu'on disait des Sarrasins) : Pire que Richard l'em« porte et plus honteusement.

Pueis diran s'en
Pieg que Richartz l'emporta
E plus aunidamen.

Il finit par dire au prince : « Ils attendent un autre Artus, « les peuples de Beaucaire; et tous, le père, le fils, les frères, « pleurent de ce que vous allez à eux si lentement.

Ar atendon Artus cil de Belcaire,
E ploran s'en
Lo pair' e'l fils e'l fraire
Quar i anatz tan len.

É—D.

PIERRE DE LA CARAVANE.

Pierre de la Caravane, ou *Pietro della Caravana,* était vraisemblablement Italien; mais Italien ou Provençal, il était Guelfe, et c'est en langue provençale qu'il a exprimé le sentiment passionné qui l'attachait à ce parti politique. Crescimbeni dit avoir vu plusieurs sirventes de lui dans le manuscrit 3204 du Vatican. La copie de Sainte-Palaye n'en renferme qu'un seul, mais c'est précisément celui que Crescimbeni cite comme l'ayant particulièrement observé; ce qui doit faire présumer qu'il est en effet le plus remarquable.

Crescimbeni, loc. cit. t. II, p. 204.

Mss. du Vatican, 3204, fol. 181.

L'auteur veut, dit-il, composer un sirvente qu'on puisse réciter en peu d'instants, par conséquent un sirvente populaire. Pour cela, il le fait en vers de cinq syllabes, et il termine chaque strophe par un refrain de quatre vers sur les mêmes rimes, où est renfermée la pensée dont il veut pénétrer les peuples. Il est excité, dit-il, par les nouveaux armements de l'empereur qui rassemble de grandes forces.

D'un sirventes faire
Es mos pessamenz,
Qu'el pogues retraire
Viatz e breumenz;
Qu'el nostr' emperaire
Ajosta grans genz.
Refrain : Lombart, be us gardatz
Que ja non siatz
Peier que compratz,
Si ferm non estatz...

Refrain : « Lombards, ayez à vous bien défendre, que « bientôt vous ne deveniez pire que des esclaves (achetés), « si fermes vous n'êtes.

« Ressouvenez-vous de la Pouille et des grands barons à « qui rien ne reste qu'il leur puisse ravir, si ce n'est leurs « maisons. Lombards, ayez à vous bien défendre, etc.

« La gent d'Allemagne gardez-vous d'aimer, et sa com- « pagnie n'allez pas rechercher. Le cœur me soulève quand « j'entends leur rauque jargon. Lombards, ayez, etc.

Quar cor mi'n fai laigna
Ab lor sargotar.
Lombart, be us gardatz, etc.

« Que Dieu protége la Lombardie, Bologne, Milan, Bres-
« cia, Mantoue et leurs alliés; qu'aucune de ces villes ne
« devienne esclave, ni aucun des bons marquisats (de la
« maison d'Est).... »

On voit que c'est en 1236 ou 1237 que cette pièce toute en faveur des Guelfes dut être composée. Nous venons de rapporter le sirvente de d'Aubusson et de Nicolet, fait, au contraire, pour le parti des Gibelins. Les poètes étaient divisés entre eux de passions et d'intérêts, comme les peuples. Mais au milieu de cette contention des esprits, la littérature s'enrichissait des productions des partis opposés. Les oreilles italiennes goûtaient de plus en plus le rhythme et l'harmonie des vers provençaux; et la langue des poètes toscans, épurée par l'exemple, perfectionnée par l'émulation, allait bientôt acquérir le mérite que celle des troubadours ne tarderait pas à laisser décliner, et qu'elle devait perdre peu à peu presque entièrement.

Suprà p. 627.

M. Raynouard a publié en totalité le curieux sirvente de la Caravane. É—D.

Choix, t. IV, p. 197.

GUILLAUME FIGUIÈRES.

BERTRAND D'AUREL. LAMBERT.

PAVÉS.

Guillaume Figuières est un de ces génies inventifs et indépendants, poètes par la puissance de leur naturel, qui, dominés par leurs penchants, bravent l'opinion dans leurs compositions comme dans leur conduite morale, et à qui l'on pardonne d'autant moins de honteuses habitudes, qu'on se sent plus disposé à reconnaître leur talent. Il naquit à Toulouse vers la fin du douzième siècle. Fils d'un tailleur, et attaché d'abord à la profession de son père, il fit des vers, les chanta, en composa la musique, tout en se livrant aux travaux de son métier, et par l'effet de la disposition innée qui l'avait fait poète; mais, si nous en croyons son biographe, des goûts ignobles le ravalèrent au-dessous même du rang où il était

XIII SIÈCLE.

né. Devenu jongleur, et appelé à briller parmi les troubadours, non seulement il ne sut point, malgré son talent, prendre place et se maintenir dans la haute société, *Non fo hom que saubes caber entr'ls baros ni entre la bona gen*, mais il se fit en outre le poète des tavernes, des catins et des ribauds, *Mas mout se fez grazir als arlots, et als putans, et als hostes et als taverniers.*

Son génie le porta d'abord vers la poésie érotique. Il nous reste de lui une pastourelle pleine de naïveté et de grace, qui fut vraisemblablement un ouvrage de sa jeunesse. C'est la bergère qui parle la première, en se plaignant d'un amant ingrat :

Pièce commençant par *L'autr'ier*; mss. de la Bibl. roy. 2701, fol. 16, ch. 161. Mss. de la Bibl. roy. 7226, fol. 249. Rayn. Choix, t. V, p. 198.

L'autr'ier cavalgava
Sus mon palafre,
Ab clar temps sere,
E vi denan me
Una pastorela,
Ab color fresqu'e novela
Que chantet mot gen,
E dizia en planhen,
Lassa! mal vieu qui pert son jauzimen.

Le poète qui entend ce chant de la bergère, se plaint à elle à son tour d'avoir aussi été abandonné par une amante infidèle. Bientôt un heureux accord s'établit entre eux, et la jeune fille finit par avouer qu'elle a totalement oublié son chagrin.

Senher, ses falhida,
Estorta m'a e garida
Vostr'amor tant fort
Que de nul mal no m recort,
Tan gen m'avez tot mon mal talan mort.

Seigneur, sans tromperie
M'a sauvée et guérie
Votre amour si bien
Que de nul mal ne me souvient,
Si gentiment vous m'en avez ôté la pensée.

On attribue à Figuières deux autres pièces érotiques. Celle des deux qui commence par,

Mss. de la Bibl. roy. 2701, f. 35, ch. 265. Mss. de Modène, fol. 259.

Pel joy de bel comensamen
D'estieu comensi ma chanso,

est adressée à Blacas, soit qu'elle ait été composée lorsque Figuières traversa la Provence pour se rendre en Italie, soit qu'elle ait été écrite de l'Italie même. L'envoi est à peu près semblable à celui de la chanson de Jean d'Aubusson, que nous avons rapporté à l'article de ce poète. Voici cet envoi :

Ci-dessus, p. 626.

Chanso, entre la melhor gen
Qu'ieu conosc e miels lay t'en vay
En Proenza, e saluda m lay,
De ma part totz los pus prezatz
E part totz mo senher Blacatz.

Il y a en tout une grande ressemblance entre ces deux pièces. Toutefois les premiers vers et beaucoup d'autres sont différents, ainsi que le premier de l'envoi qui, dans la version donnée à d'Aubusson, rime en *ay*, et, dans celle de Figuières, en *en*. S'il n'existe pas dans cette confusion une grave erreur de copiste, il y a du moins de la part d'un des deux poètes l'intention bien évidente d'employer des vers de l'autre.

Mais la renommée de Guillaume Figuières ne doit pas dépendre de ses chansons d'amour. Ses dispositions naturelles le portaient vers la satire; c'est là que se déploie tout son talent. Nous avons dit précédemment qu'en l'année 1211, Raimond VII, obligé de se défendre contre les entreprises de Folquet, évêque de Toulouse, fut réduit à le chasser de cette capitale de ses états. C'est vraisemblablement la rébellion de l'évêque qui, excitant la verve de Figuières, lui inspira son premier sirvente contre les prêtres ambitieux, qu'il appelle *le faux clergé*. « Je ne m'interdirai point, dit-il, « par défaut de courage, de forger un sirvente comme une « arme contre le faux clergé; et quand il sera fabriqué, le « monde connaîtra la fourberie et la félonie qu'engendrent « ces faux prêtres qui, là où ils ont le plus de pouvoir, « causent le plus de mal, et le plus de douleurs.

Ci-dessus, p. 597.

Mss. de la Bibl. roy. 7614, fol. 114, ch. 197.
Rayn. Choix, t. IV, p. 307.

No m laissarai per paor
C'un sirventes non labor,
En servizi dels fals clergats;
E quant sera laborats,
Connoisseran li plusor
L'engan e la felonia
Que mov de falsa clerzia,
Che lai on an mais de poder
Fan plus de mal e plus de desplazer.

« Prédicateurs hypocrites, ils ont jeté le siècle en erreur;

XIII SIÈCLE.

« ils prêchent couverts de péchés mortels; ensuite ceux qui « entendent leurs prédications, font ce qu'ils leur voient « faire, et tous suivent fausse route; donc si un aveugle en « conduit un autre, ne vont-ils pas tous deux tomber dans « la fosse? C'est ce qu'ils font : je ne le sais, mais Dieu l'a dit.

E tuit segon orba via;
Doncs, si l'uns orbs l'autre guia,
Non van amdui en la fossa cazer?

« Il est trop vrai, continue le poète, que nos pasteurs « sont devenus des loups ravisseurs. » Puis il ajoute :

Pois fan autre desonor
Al segle et a Dieu major;
Que s'uns d'els ab femna jatz,
Lendeman totz orrejatz
Tenra 'l cors nostre Seignor;
Et es mortals eretgia,
Que nuls preire no deuria
Ab sa putan orrejar aquel ser
Que lendeman deia'l cors Dieu tener....

L'envoi est en ces termes : « Va, sirvente, tiens ta route, « et dis-moi à ce faux clergé, que celui-là est mort qui se « met en son pouvoir; à Toulouse ils le savent bien : *Qu'a « Tolosa en sab hom ben lo ver.* »

Après une semblable levée de bouclier, il devint impossible à Figuières de demeurer à Toulouse, dès que cette ville fut tombée au pouvoir des croisés. Il suivit alors la colonie des troubadours qui se réfugiaient dans la Lombardie; *E quant li Frances agron Tolosa*, dit le biographe, *el s'en venc en Lombardia.* Ce fait dut avoir lieu au commencement de l'année 1215, lorsque l'évêque Foulques, rentré dans Toulouse, y usurpa l'autorité du comte Raimond.

D. Vaissette, t. III, p. 267.

C'est apparemment dans ce voyage que Figuières visita Blacas; car malgré l'assertion du biographe, il est difficile de croire qu'il se soit toujours refusé à voir des seigneurs.

Arrivé en Italie, et voulant y pourvoir à sa sûreté, il se prononça pour le parti des Gibelins, vers lequel il était porté naturellement; et, en 1220, la ville de Milan, principal boulevard des Guelfes, ayant fermé ses portes à l'empereur Frédéric II, il publia son sirvente contre cette ville républicaine. Nourri, comme la généralité des Toulousains, dans l'habitude d'un généreux dévouement pour Raimond VI, Figuières avait peine à comprendre la conduite des Milanais. Cet étonnement se manifeste dès la première strophe. « Pour « composer, dit-il, un nouveau sirvente, il ne me faut nul « autre maître (que mon expérience), car j'ai tant vu et tant « appris, et bien et mal, et raison et folie, que je connais ce « qui mérite le blâme ou la louange, la honte ou l'honneur, « et je vois que mauvaise action font les Lombards envers « leur prince.

Mss. de la Bibl. roy. 2701, f. 18, ch. 185.
Rayn. Choix, t. IV, p. 202.

Ja de far un nou sirventes
No quier autre ensenhador,
Que ieu ai tan vist et apres
Ben e mal, e sen e folhor,
Qu'ieu conosc blasme e lauzor,
E conosc anta et honor;
E conosc que malvat labor
Fan Lombart de l'emperador.

L'expression de ce sentiment se soutient dans les trois strophes suivantes : « Car ils ne le tiennent point pour sei- « gneur, dit le poète, ainsi qu'ils le devraient; et s'il ne rétablit « bientôt sa puissance contre eux, pour venger ses affronts; « s'il laisse ravir ou restreindre les droits qu'il doit raffermir, « l'empire se plaindra de lui et de son commandement.

Quar no lo tenon per senhor
En aissi com deurian far,
E si'lh non repaira enves lor,
En breu per sas antas venjar,
L'emperi s'en poira clamar
D'elh e del sieu emperiar,
Se laissa tolre ni mermar
Lo dreyt qu'elh deu adreyturar.

Après ce que nous avons dit précédemment sur l'emploi de la langue provençale dans les chants populaires de l'Italie, au treizième siècle, il est inutile de faire remarquer que ce sirvente en offre un nouvel exemple. On s'apercevra toutefois qu'il est antérieur à plusieurs des pièces que nous avons déja citées. La nécessité de classer les poètes suivant l'ordre de leur mort nous oblige fréquemment à des renversements de chronologie entre leurs premiers ouvrages.

La principale pièce de Figuières, celle qui commence par *Sirventes vuelh far,* porte des dates qui ne permettent pas de douter de l'époque à laquelle elle appartient. C'est en

Italie qu'elle fut composée; c'est par conséquent au sein même de l'Italie, mais, il faut aussi le dire, protégé par les Gibelins, que Figuières publia une des diatribes les plus audacieuses qui aient été faites contre Rome, contre les vices et les abus de puissance du clergé. Ambition, despotisme, esprit de rapine, corruption des mœurs, abus des sacrements, rien de ce qui pouvait paraître odieux ne fut supprimé. Il faut que l'image de la désolation de sa patrie fût bien profondément gravée dans l'esprit du poète, pour qu'il ait essayé de la venger avec tant d'énergie.

Cette pièce se compose de vingt-trois strophes, chacune de onze vers, dont sept masculins de cinq syllabes, et quatre féminins de sept. Les quatre vers féminins de chaque strophe riment entre eux, et les trois premiers vers masculins riment avec les quatre derniers vers masculins de la strophe précédente. Ce croisement et ces répétitions de sons durent produire un effet piquant dans un chant destiné à saisir l'oreille d'un peuple éminemment sensible au mérite de l'harmonie. Le rhythme poétique y servait de fondement à la mélodie; aussi le poète dit-il lui-même qu'il a assorti le chant avec les paroles (1).

« Un sirvente je veux faire sur cet air qui me convient; « plus ne veux attendre, plus ne veux différer. Et je sais sans « en douter qu'il m'en adviendra malveillance; car je fais « ce sirvente des faussetés adroites de Rome, chef de la dé- « cadence où se détruit tout bien.

Mss. de la Bibl. roy. 2701, f. 90, ch. 790.
Mss. 7614, f. 113, ch. 193.
Rayn. Choix, t. IV, p. 309.

Sirventes vuelh far
En est son que m'agensa,
No'l vuelh plus tarzar,
Ni far longu 'atendensa.
E sai, ses duptar,
Qu'en aurai malvolensa,
Car fauc sirventes
Dels fals d'enjans ples,
De Roma que es
Caps de la dechasensa
On dechai totz bes.

« Rome, je ne m'étonne point que les peuples soient dans « l'erreur, car vous avez jeté le siècle en fermentation et en

(1) M. Villemain, dans son Cours de littérature française, publié en 1830, a rendu hommage au talent du troubadour Guillaume Figuières. Il a donné une traduction de treize strophes de ce sirvente contre Rome.

« guerre; mérite et vertu sont par vous tués et mis sous « terre. Rome fallacieuse, de tout mal le chef, le sommet et « la racine; le bon roi d'Angleterre par vous fut trahi.

No m meravilh ges,
Roma, si la gens erra,
Qu'el segl' avetz mes
En trebal et en guerra,
Car pretz e merces
Mor per vos e sosterra.
Roma enganairitz,
Qu'etz de totz mals guitz
E sims e razitz;
Lo bon reys d'Anglaterra
Fon per vos trahitz.

« Rome traîtresse, votre avidité vous trompe, car à vos « brebis vous tondez trop la laine...

Roma trichairitz,
Cobeitas vos engana....

« Rome, aux hommes stupides vous rongez la chair et les « os... Trop vous passez les bornes posées par le ciel; car « tant est grande votre avarice que pour argent vous par- « donnez les péchés. De trop fâcheux fardeau, Rome, vous « vous chargez.

Quar vos perdonatz
Per deniers peccatz;
De trop mala tradossa,
Roma, vos cargatz.

« Rome, bien sachez que par votre méchante fraude et « votre folie, vous avez fait perdre Damiette.

Roma, be sapchatz
Que vostr' avols barata
E vostra foldatz
Fetz perdre Damiata.

(Allusion aux prétentions du cardinal Pélage, qui furent cause de la reprise de Damiette par les Musulmans en 1218.)

« Rome, vraiment nous savons sans *doutance* que, par « l'appât d'une fausse indulgence vous avez livré à la déso- « lation la noblesse de France et la gent de Paris; et le bon « roi Louis a été par vous occis, quand par trompeuse pré- « dication vous l'avez jeté hors de son pays.

E'l bon rey Loys
Per vos fon aucis,
Qu'ab falsa prezicansa
Lo gitez del pays.

XIII SIECLE.

« Rome, aux Sarrasins vous faites peu de dommage; mais « Grecs et Latins vous menez au carnage. En bas, au fond « de l'abîme, Rome, là est votre place, dans la perdition. « Mais que jamais Dieu ne me donne, Rome, une part aux « indulgences ni au pélerinage que vous avez fait à Avignon.

Roma, als Sarrasis
Faitz petit de damnatge,
Mas Grecx e Latis
Geratz a carnatge.
Ins el foc d'abis
Roma, avetz vostr' estatge
E'n perdicio.
Mas ja Dieus no m do,
Roma, del perdo
Ni del pellerinatge
Que fetz d'Avinho.

« Rome, il est visible que vous éprouvez le remords de la « perfide prédication que vous avez faite contre Toulouse. « Telle qu'un serpent furieux, vous y rongez les propriétés « des petits comme celles des grands; mais si notre comte « vaillant vit encore deux ans, la France gémira de vos « machinations.

Roma, vers es plas
Que trop etz angoissoza
Dels prezicx trefas
Que faitz sobra Toloza.
Lag rozetz las mas
A ley de cer rabiosa
Als paucs et als grans :
Mas si'l coms presans
Viu encar dos ans,
Fransa n'er doloirosa
Dels vostres enjans.

« Rome, tant est grande votre forfaiture, que Dieu et ses « saints vous jetez à l'abandon; votre règne est si vicieux, « Rome menteuse et perfide, qu'en vous se rassemble, s'a- « baisse et se confond toute la fourberie de ce monde, tant « vous faites grande injustice au comte Raimond!...

Roma, tan es grans
La vostra forfaitura,
Que Dieus e sos sans
En gitatz a non cura;
Tant etz mal renhans,
Roma falsa e tafura,

Per qu'en vos s'escon
E s baissa e s cofon
L'engan d'aquest mon,
Tant faitz gran desmezura
Al comte Raimon!....

On voit que cette pièce porte en elle-même sa date. Elle est postérieure à la mort de Louis VIII, qui eut lieu le 8 novembre de l'an 1226; et elle précède le traité de paix conclu entre Raimond VII et saint Louis, le 12 avril 1229: elle appartient donc à un temps intermédiaire entre ces deux époques; c'est par conséquent vers la première année du pontificat de Grégoire IX, au moment de la plus grande puissance des papes, que Guillaume Figuières s'élevait avec tant d'audace et de force contre leur despotisme.

Après avoir reproché au gouvernement romain d'aspirer à la seigneurie du monde entier,

Tan voletz aver
Del mon la senhoria,

le poète lui dit encore : « Rome, tant vous serrez le grappin « (la griffe), que ce que vous tenez vous échappe diffici- « lement. Si bientôt votre pouvoir ne s'anéantit, le monde « est tombé, vaincu, égorgé, en fatale trappe. Rome, de « votre papauté, voilà les hauts faits!

Roma, tan tenetz
Estreg la vostra grapa,
Que so que podetz
Tener, greu vos escapa.
Si'n breu non perdetz
Poder, a mala trapa
Es lo mon cazutz
E mort e vencutz.
Roma, la vostra papa
Fai aitals vertutz!

Une autre pièce que nous devons citer est un sirvente en l'honneur de l'empereur Frédéric II, espèce de panégyrique composé, à ce qu'il paraît, à la fin de l'année 1229 ou au commencement de l'année 1230, lorsque ce prince, revenu de la Syrie, eut recommencé la guerre à l'effet de ressaisir le territoire que Jean de Brienne lui avait enlevé pendant son absence, au nom du pontife. Il y eut peut-être autant de courage de la part du poète dans la publication de cette pièce, qu'il y en avait eu dans son attaque contre la

16

XIII SIÈCLE.

cour de Rome; car Frédéric, ennemi de la moitié de l'Italie, objet d'une guerre acharnée de la part de Grégoire IX, et sous le poids d'une excommunication, était même regardé comme un traître et un sacrilége, dans presque toute l'Europe, à cause de la paix qu'il venait de conclure avec le sultan du Caire. Les actes qu'on lui reprochait furent précisément ceux que le poète éleva le plus haut. « J'ai dans le cœur, dit-il en commen-« çant, de composer un nouveau sirvente et de l'adresser à « l'empereur; car je veux dès ce moment me vouer à son « service. *Un nou sirventes ai en cor,* etc. Nul homme n'est « plus généreux que lui; il retire les pauvres de la pauvreté, il « améliore le sort des riches. » Après ce début, le poète loue l'empereur de l'énergie qu'il a apportée au recouvrement de « ses États, et notamment de la reprise de la ville de Gaëte. « Bien fou qui avec lui dispute... Il s'est glorieusement vengé « du faux clergé... et du pape, mieux que ne fit son aïeul.

Mss. de la Bibl. roy. 2701, f. 18, ch. 184.

.......Fols qui ab luy tensona.....
Car mot be s'es venjat de la falsa clersia
E del papa miels que son avi non fes.

« Il force les villes de la Lombardie à lui restituer les « droits de sa couronne... Il a fait outre-mer mainte œuvre « honorable et pure; Jérusalem et Ascalon ont été conquis « sans employer ni arc ni flèche, et avec le soudan il a fait « une glorieuse et bonne paix.

Mot fes otramar onrad' obra e neta,
Que *Jhrlem* conques et Ascalona,
Que anc no y pres colp d'arc ni de sageta,
Can li fe'l soudan ondrada patz e bona.

Puis il loue l'empereur de ce qu'étant allé à l'île de Chypre, il l'a rendue avec une noble courtoisie, *per gentil cortezia*, à la dame de Barut qui seule avait droit d'en hériter; car ce prince, ajoute-t-il, est exempt et net de tout sentiment sordide, *e noyt e lavat de tota vilenia.*

« Que Dieu, dit enfin le poète, lui conserve toutes ses « possessions, et à moi, Figuières, la joie que me donnent « mes amis et mes amies!

Lo sans Dieu li gart tota sa manentia....
Et a mi don Dieus gaug d'amic e d'amia!

La pièce est adressée au bon ami Taurel.

Les avantages multipliés que Frédéric obtint dans les États de Naples, à son retour de Jérusalem, ayant donné de l'inquiétude au pape, on commença à traiter de la paix. Les pourparlers durèrent long-temps, et le traité fut enfin conclu le 9 juin de l'an 1230. Dans le temps employé aux préliminaires parut un nouveau sirvente du troubadour, par lequel il voulut témoigner le vœu des peuples pour la cessation des malheurs publics. Le ton de cette pièce n'eut plus l'âcreté des sirventes précédents : le sujet était tout différent; d'ailleurs, dans l'intervalle, la tranquillité ayant été rendue à la patrie du poète, par le rétablissement du comte Raimond dans ses Etats, son esprit n'éprouvait plus la même irritation qu'au-« paravant. « Entre le souverain pontife et l'empereur, je vou-« drais, dit-il, voir rétablir la paix, car ainsi le Turc et l'Arabe « seraient vaincus. Mais avec trop d'amertume chacun d'eux « défend sa cause, et ils se tourmentent ainsi l'un l'autre « pour rien, car véritablement tout ce que l'homme recherche « n'est rien, à côté de ce que l'avenir lui destine.

Muratori, ann. d'Ital. 1229, t. X, p. 321.

Ibid. p. 326.

Pièce commençant par *Del preveire major*. Mss. du Vatic. 3794, p. 238.

Del preveire major
E del emperador
Volgra paz entre lor,
Qu'aissi foran marrit
Li Turc e Marabit;
Mas trop amaramen
Mena chascuns zo qe ten,
Et trebailhon si de nien,
Qar niens es tot zo q'om pot chauzir,
Segon aqo qe es a devenir.

L'auteur regrette de ne pouvoir aller lui-même à l'armée des croisés; mais il est trop pauvre pour se transporter avec honneur au-delà des mers, et il demeure tristement de ce côté.

Mas non hai gran richor
De passar ab honor;
Remanc sai ab tristor.

La pièce est adressée au comte de Toulouse redevenu puissant, et par conséquent, comme nous l'avons dit, après le traité du mois d'avril de l'an 1229. « Va chez le vaillant et « honorable comte de Toulouse, et dis-lui que si Dieu a « voulu l'élever au-dessus des autres hommes, c'est afin qu'il « aille le servir aux lieux mêmes où il naquit.

Al pro comte valen
De Tolosa digaz breumen
Estiers q'el sapcha veramen
Qe per so'l vol Dieus part totz enantir
Qe lai on elh nascet l'ane servir.

Jusqu'ici nous avons vu dans Figuières un sujet fidèle des deux Raimond, un partisan dévoué de Frédéric, un ardent ennemi des abus de la puissance de la cour de Rome, et de tous les vices des mauvais prêtres, qu'il appelle *le faux clergé,* et nous avons eu peine à comprendre comment son biographe dit qu'il a été le poète des catins et des ribauds.

Mais il faut avouer que quelques pièces échappées à ses amis ou à ses émules décèlent en lui des habitudes peu élevées, dont il est possible aussi qu'on ait exagéré le tableau.

Aiméric de Péguilain, troubadour de qui nous allons parler tout à l'heure, avait, dans un séjour de cinquante ans en Italie, amassé quelque fortune. Cette aisance choquait Figuières, et il écrivit à son ami Bertrand d'Aurel : « Bertrand d'Aurel, s'il mourait le seigneur Aiméric avant la « Toussaint, dites-moi à qui il laisserait les richesses qu'il « a acquises en Lombardie, en supportant froid et langueur.

Mss. du Vatican, 3207, f. 52. Rayn. Choix, t. V, p. 198.

Bertram d'Aurel, si moria
N'Aimerics, ans de martror,
Digatz a cuy laissaria
Son aver e sa ricor
C'a conques en Lombardia,
Suffretan freit e langor....

Aiméric répondit par un autre couplet adressé pareillement à Taurel, et sur les mêmes rimes que le précédent, en forme de tenson. « Bertrand d'Aurel, s'il mourait Figuières « l'endetté, dites-moi à qui il laisserait son cœur faux et « traître, plein de rancune et de folie, de honte et de dés- « honneur; qui serait le chef des catins, et qui les ribauds « et les buveurs prendraient pour roi.

Digatz a cuy laissaria
Lo seu fals cor traidor,
Plen d'enjan e de bauzia
E de noiz e de folor,
D'anta e de deshonor;
Ni putans qui menaria,
Ni arlotz e bevedor
Qi farian de seignor.

XIII SIÈCLE.

Bertrand d'Aurel paraît avoir été un militaire servant dans les armées de l'empereur Frédéric. Il était lié avec Figuières qui l'appelait, ainsi que nous venons de le voir, son *bel ami.* Cependant il ne prit point sa défense, en répondant à Péguilain; il dit, au contraire, à ce dernier : « Aiméric, il pourrait « laisser à Coanet le Jeune la ruse et la tromperie; car il « (celui-là) vit de tel labeur; les querelles et la folie à Auzet « le menteur; à Lambert, ses liaisons avec les catins.

Même mss. même feuillet.

N'Aimeric, laissar poria
A'n Coanet lo menor
L'engan e la tricharia,
Car el viu d'aital labor;
E'l noiz et la folia
A 'n Auzet lo feignedor,
Et a'n Lambert la putia....

Même mss. ibid. Rayn. Choix, t. V, p. 75.

Ce Lambert, poète ou jongleur, personnage aujourd'hui inconnu, ne prend point pour une injure ce que Bertrand d'Aurel dit de lui; bien loin de là, il répond : « Seigneur, « celui qui me laisse la connaissance des catins, s'en fait « honneur; quant à moi je tiens à jouissance et à richesse ce « dont on me fait gloire et largesse, et jamais nul jour de « ma vie, je ne veux faire autre labeur...

Même mss. ibid. Rayn. Choix, t. V, p. 243.

Seigner, sel qui la putia
M'en laissa s'en fai honor,
Qu'eu m'o teing a manentia
Qui m'en fai prez ni largor,
C'anc a nul jorn de ma via
No voill far autre labor....

Ces couplets réunis forment une tenson à quatre personnages, dont il n'existe peut-être point d'autre exemple.

Un autre rimeur, nommé Pavés, attaqua Figuières par un couplet non moins mordant. Il prétend que jamais on n'a raconté de Roland ni d'Olivier un plus beau coup d'épée que celui dont un capitaine a frappé, l'autre jour à Florence, Guillaume le querelleur.

Même mss. ibid. Rayn. Choix, t. V, p. 278.

Com sels que fetz capitan l'autr'hier
A Florenca a n Guillelm' l'enoios...

Aiméric de Péguilain raconte à son tour que jamais plus beau coup d'épée que celui dont le seigneur Auzers a frappé au visage Guillaume *joue marquée.*

Même mss. ibid.

XIII SIÈCLE.

Anc tan bella espasada
No cuit qe hom vis,
Com det n'Auzers sus el vis
A'n Guillelm *Gauta seignada*....

Figuières répond que jamais, au contraire, Joconde n'a porté un coup plus brillant que celui dont Jacobis a frappé l'autre jour Guillaume *Tête pelée.*

Anc tan bel colp de Joconda
No cuit qe hom vis
Com det l'autr' hier Jacobis
A'n Guillelm *Testa pelada*....

Ces disputes, très-rares heureusement chez les troubadours, nous font descendre bien loin de la hauteur où nous avait élevé Figuières, quand il attaquait le despotisme de Rome. Elles semblent prouver qu'en effet il se mêlait quelquefois avec les *arlots* et les *taverniers*. Nous y voyons de plus qu'il continuait à habiter en Italie.

Millot, t. II, p. 454.

Ce poëte a été soupçonné, peut-être à cause de son énergie, de partager l'hérésie des Albigeois; Millot l'a vengé de ce reproche, en montrant dans ses vers plusieurs opinions incompatibles avec les erreurs de cette secte.

Aless. Tassoni, Considerazioni sopra le rime del Petrarca. In Venezia, 1759, in-4°, p. 217, 228, 277, 327, etc.

Les manuscrits contiennent onze pièces sous son nom; M. Raynouard a fait remarquer que trois de ces onze pièces ont été attribuées à d'autres troubadours. Il en a publié quatre et des fragments de deux autres. M. de Rochegude a donné dans son *Parnasse occitanien* le sirvente qui commence par *No'm laissarai per paor.* Le Tassoni, dans ses commentaires sur Pétrarque, cite en plusieurs endroits des vers du sirvente contre Rome. E—D.

LA DAME GERMONDE.

Si, dans des temps de parti, quelque écrit publié par un homme de talent obtient de la célébrité, une réponse, quelle qu'elle soit, ne se fait pas long-temps attendre. C'est ce qui arriva après la publication de l'énergique sirvente de Guillaume Figuières. Une dame de Montpellier, nommée, dit-on, Germonde, personnage qui n'est connu par aucune autre production, entreprit de le réfuter. On conçoit qu'elle dut accuser l'auteur d'impiété, d'hérésie, de mauvaise foi; ce devait être là le fond de la réponse; mais ce qui est remarquable, et ce qui appartient essentiellement à l'histoire littéraire des troubadours, c'est la forme que le poète, homme ou femme, n'importe, sut donner à sa réfutation; c'est l'art qu'il dut posséder à un haut degré, de fabriquer le vers; ce sont les ressources que lui offrait une langue déja façonnée par les Arnaud de Mareuil, les Pierre Vidal, les Bertrand de Born, les Faidit, les Rambaud de Vachères, et quelques autres dignes de se placer à leurs côtés. Le sirvente de la dame Germonde est entièrement calqué sur les formes de celui de Figuières. Toute la différence consiste en ce que la pièce de Figuières renferme vingt-trois strophes, et celle de Germonde vingt seulement. Mais chacune de ces vingt strophes est parfaitement semblable à la strophe de celle de Figuières, à laquelle elle correspond, quant à leur ordre successif. Même nombre et même coupe de vers, mêmes rimes ou du moins mêmes désinences, et par conséquent autant et plus de difficultés à vaincre que dans la pièce originale. Il s'en faut que cette réponse égale, pour le mérite littéraire, la composition de Figuières; ce n'est ni la même verve, ni la même facilité dans la versification; mais il faut tenir compte à l'auteur de sa hardiesse et de la différence des deux sujets.

« Il m'est difficile, dit le poète, d'endurer la mécréance « que j'entends semer autour de moi; elle ne me plaît ni ne « me convient; car on ne saurait aimer l'homme qui aban- « donne ainsi la source d'où émanent, et par qui se main- « tiennent toute croyance, tout salut et tout bien; c'est « pourquoi je manifesterai ma pensée, en montrant combien « cela me pèse.

Mss. de la Bibl. roy. 2701, f. 95, chans. 831.
Rayn. Choix, t. IV, p. 319.

Greu m'es a durar,
Quar aug tal descrezensa
Dir ni semenar;
E no m platz ni m'agensa;
Qu'om non deu amar
Qui fai desmantenensa
A so don totz bes
Ven e nais et es
Salvamens e fes:
Per qu'ieu farai parvensa
En semblan que m pes.

« Ne vous étonnez si je déclare la guerre à un menteur

« mal enseigné qui, autant qu'il le peut, dérobe, cache, « dissimule toute action loyale et bienfaisante ; trop il « prend de hardiesse; car de Rome il dit du mal, de « Rome, le chef et le guide de tous ceux qui sur la terre « ont un bon esprit...

No us meravilhes
Negus, si eu muov guerra
Ab fals mal apres
Qu'a son poder sosterra
Totz bos faitz cortes,
E'ls encauss e'ls enserra ;
Trop se fenh arditz
Quar de Roma ditz
Mal, qu'es caps e guitz
De totz selhs qui en terra
An bos esperitz....

« Rome vraiment, je sais et je crois sans *doutance*, « qu'à son véritable salut vous conduirez toute la France, « oui, et les autres peuples qui vous prêtent secours. Mais « ce que Merlin dit en prophétisant du bon roi Louis, qu'il « mourra à Montpensier, maintenant s'éclaircit.

Roma, veramen
Sai e cre ses duptansa
Qu'a ver salvamen
Aduretz tota Fransa,
Oc, e l'autra gen
Que us vol far ajudansa.
Mas so que Merlis
Prophetizan dis
Del bon rey Loys
Que morira en Pansa
Ara s'esclarzis....

« Rome, entreprend œuvre insensée celui qui dispute avec « vous, et si l'empereur ne se soumet, je dis que grand dés- « honneur en viendra à sa couronne, et ce sera raison. Mais « aussi auprès de vous trouve bientôt son pardon, qui avoue « loyalement ses fautes, et s'en montre repentant.

Roma, folh labor
Fa qui ab vos tensona ;
De l'emperador
Dic, s'ab vos no s'adona,
Qu'en gran deshonor
Ne venra sa corona,
E sera razos.

Mas pero ab vos
Leu troba perdos
Qui gen sos tortz razona
Ni n'es angoissos....

Nous nous persuadons difficilement que l'auteur de cette pièce soit une femme. Ce sera peut-être quelque moine, tel que le frère Izarn, de qui nous parlerons plus tard, ou quelque autre partisan de la ligue, qui aura voulu se dérober sous un nom supposé aux vengeances des Toulousains et des Avignonnais. Quoi qu'il en soit, on voit que cette pièce est antérieure au rétablissement de Raimond VII dans ses états, et à la paix de l'empereur avec le pape. Sa publication suivit par conséquent de très-près celle du sirvente de Figuières. É—D.

DURAND DE PERNES.

Ce troubadour, natif de Pernes, petite ville du marquisat de Provence, appelé aujourd'hui comtat Venaissin, exerçait la profession de tailleur, ainsi que le troubadour Montant, ou du moins était fils d'un artisan exerçant cet état. Le manuscrit du Vatican, 3794, lui donne le titre de *tailleur;* il y est appelé *Durantz sartor de Paernas.* Ce manuscrit renferme deux pièces inscrites sous son nom. L'une est un sirvente commençant par *Guerra e trebals,* où l'auteur, après avoir exprimé sa passion pour la guerre, se félicite de voir la trève rompue entre les esterlins et les tournois; mais M. Raynouard a attribué cette pièce à Bertrand de Born, et ce doit être avec raison, car elle convient parfaitement à ce poète énergique, par le style et par le sujet.

Mss. du Vatican, 3794, fol. 243.

L'autre pièce est un sirvente contre les alliés de Raimond VII, à l'occasion du traité de paix conclu en 1229, entre saint Louis et ce prince, où ce dernier perdit un tiers de ses états, et notamment le marquisat de Provence, confisqué au profit du pape Grégoire IX. L'auteur, sincèrement attaché à Raimond, son souverain, reproche à Jacques Ier, roi d'Aragon, et à Henri III, roi d'Angleterre, d'avoir laissé opérer une si criante spoliation. Ce sirvente est généralement écrit en vers secs et rocailleux, sans manquer toutefois d'images poétiques; mais il s'y manifeste surtout un sentiment

Même mss. même fol.

XIII SIECLE.

de colère et une audace qu'on ne peut s'empêcher de remarquer, quoique les exemples n'en soient pas rares dans les temps et chez les poètes dont nous parlons.

Cette chanson se compose de six strophes de huit vers, chacune sur une seule rime.

« Je sens en moi, dit le poète, le désir de forger un sirvente « pour le lancer contre ceux qui ont mis l'honneur au rebut, « et qui, après avoir dit *hoc* (oui), disent *no* (non), manquant « ainsi à leur promesse. Et puisque je tiens l'arbalète et le « croc, j'enfoncerai les éperons de leur côté, pour m'élever au « plus haut lieu, jusqu'au roi anglais lui-même, que chacun « tient pour un niais, de ce qu'il souffre honteusement « qu'on le chasse de ses propres domaines; c'est pourquoi « j'ai dans le cœur de le frapper un des premiers.

Brocarai lai, per trair'al major loc,
Al rei engles que hom ten per badoc
Qar suefr'aunitz q'om del sieu lo descoc,
Per q'en cor ai que als primiers lo toc.

« A jamais je serai ennemi du roi Jacmes, qui tient mal « ses promesses et met ses serments au néant. Mieux les « remplit, à mon avis, le seigneur de Narbonne, aussi suis-je « de ses amis. Il s'est conduit comme un homme d'un vrai « mérite, et lui, au contraire (Jacques), comme les rois « débiles de cœur, et me plaira, s'il lui advient dommage « et malheur.

E el aissi com reis de cor mendics,
Per qe m plaira si'l ven danz e destrics...

« Si leurs secours eussent été puissants et valeureux, les « Français déconfits seraient prisonniers et tués.

E desconfig Frances e pres e mort.

L'auteur finit par se réjouir du mal qui arrive à la France, et notamment de ce que par-delà les mers, dans la Syrie et la terre d'Alep, les Turcs ont fait pousser aux Français maints cris et maints *japements*.

Lur feron far Turc mant crit e mant Jap.

M. Raynouard a publié un long fragment de cette pièce. C'est une des plus singulières qu'on puisse citer, pour montrer la rivalité obstinée qui a long-temps divisé les habitants du nord de la France et ceux du midi. É—D.

Rayn. Choix, t. V, p. 137.

BERNARD DE ROVENAC.

Il ne subsiste aucune tradition sur les événements de la vie de ce poète. Nous le connaissons seulement par quatre sirventes. L'une de ces pièces est adressée à un jongleur nommé Raynier, de qui le poète se moque; les trois autres sont des satires singulièrement hardies contre des princes de son temps. Celles-ci nous apprennent qu'il vivait sous Jacques Ier, roi d'Aragon, fils de Pierre II, et qu'il était plus âgé que ce prince, né en 1207 et mort en 1276.

Le premier de ces trois sirventes est dirigé contre Henri III, né aussi en 1207, devenu roi d'Angleterre en 1216; et contre Jacques Ier, roi d'Aragon. Le poète reproche au roi d'Angleterre de se laisser dépouiller de ses provinces françaises, sans se défendre, par les rois de France Louis VIII et Louis IX. Il reproche à Jacques Ier son inaction contre les empiétements de Louis IX, qui s'empare de ses propriétés du Languedoc pour en doter Alphonse, son frère. On voit qu'à l'époque où cette pièce fut composée, Jacques était sorti de sa minorité, mais qu'il était encore jeune, puisque Bernard de Rovenac l'appelle *l'Enfant*. Cette pièce doit dater par conséquent de l'année 1229, c'est-à-dire de l'époque où fut convenu le mariage du jeune Alphonse avec Jeanne, fille de Raimond VII. Le poète s'exprime ainsi :

« Je ne veux ni bienfaits ni reconnaissance des grands, tous « orgueilleux de leur fausse sagesse, car j'ai dans le cœur de « leur reprocher leur conduite vile et mal entendue. Je ne « demande point que mon sirvente soit agréable parmi les « lâches, les indolents, pauvres de cœur, puissants par leurs « richesses.

Mss. de la Bibl. roy. 2701, f. 34, ch. 319.
Rayn. Choix, t. IV, p. 203.

Ja no vuelh do ni esmenda,
Ni grat retener
Dels ricx ab lur falz saber,
Qu'en cor ay que los reprenda
Dels vils fatz mal yssernitz;
E no vuelh sia grazitz
Mos sirventes entr'els flacx nualhos,
Paupres de cor et d'aver poderos.

« Je prie le roi anglais de m'entendre; car le peu de prix

« qu'il avait, il le fait déchoir par excès de timidité, lui à « qui il ne plaît de défendre ses sujets, et, au contraire, si « lâche et si vil qu'on le croirait endormi, quand le roi « français lui enlève impunément Tours et Angers, et Nor- « mands et Bretons.

Rey engles, prec que entenda,
Quar fa dechazer
Son pauc pretz per trop temer,
Quar no'l play qu'els sieus defenda,
Qu'ans es tan flacz e marritz
Que par sia adurmitz,
Qu'el reys frances li tolh en plas perdos
Tors et Angieus e Normans e Bretos.

« Le roi d'Aragon sans contredit mérite bien son nom « de Jacmes (*qui jacet, jacentem*), tant il aime à demeurer « couché; et qui que ce soit qui lui enlève sa terre, il est si « mou et si tâtonneur, qu'il ne s'en plaint seulement point, « il se contente de faire payer aux Sarrasins felons la « honte et le dommage qu'il reçoit de ce côté, vers Limous « (dans ses propres états).

Rey d'Arago, ses contenda
Deu ben nom aver
Jacme, quar trop vol jazer,
E qui que sa terra s prenda,
El es tan flacz e chauzitz
Que sol res no y contraditz,
E car ven lay als Sarrazis fellos
L'anta e'l dan que pren say vas Limos.

« Jusqu'à ce qu'il ait chèrement vengé son père, il ne « peut trop valoir; et qu'il ne croie pas que je lui dise des « choses agréables, tant qu'il n'aura pas embrasé le feu, et « frappé de grands coups. Ensuite son mérite sera accompli, « si du roi français il restreint les domaines, car des siens « propres Alphonse veut hériter.

Ja tro son payre car venda
No pot trop valer,
Ni s cug qu'ieu li diga plazer
Tro foc n'abran e n'essenda
E'n sian grans colps feritz;
Pueys er de bon pretz complitz
S'al rey frances merma sos tenezos,
Quar el sieu fieu vol heretar n'Anfos....

Le second sirvente s'adresse d'abord aux hommes puissants et lâches en général, et ensuite d'une manière particulière aux deux mêmes rois, Henri III et Jacques Ier, sur ce qu'ils laissent en paix les états de Louis IX, tandis que ce prince est dans la Syrie. « Grand désir m'a pris, dit le poète, « de composer un nouveau sirvente, hommes riches et sans « vigueur, et je ne sais dans quels termes je dois vous parler, « car peu vaut le sirvente qui loue, quand il devrait blâmer; « et j'aime mieux vous reprendre en disant vrai, que si, par « un mensonge, je vous disais des choses gracieuses.

Mss. de la Bibl. roy. 2726, fol. 327.

Rayn. Choix, t. IV, p. 205.

D'un sirventes m'es grans volontatz preza,
Ricx homes flacx, e non sai que us disses.....
A me platz mais que us blasme dizen ver,
Que si menten vos dizia plazer.

L'ironie remonte plus haut que les barons dans les strophes suivantes. « Tous deux, les rois, ont arrêté une même « chose, celui d'Aragon et celui des Anglais; c'est que nulle « terre par eux ne soit conquise, et que nul mal ne soit fait « à qui leur en fit; ils se conduisent avec merci et courtoisie, « car ils laissent le roi qui soumet la Syrie, jouir en paix de « leurs fiefs; de quoi sans doute Notre-Seigneur doit leur « savoir gré.

Amdos los reys an una cauz' empressa
Selh d'Arago et aisselh dels Engles,
Que no sia per elhs terra defeza
Ni faisson mal ad home qu'el lur fes;
E fan merces e cortezia,
Quar al rey que conquer Suria
Laisson en patz lur fieus del tot tener:
Nostre Senher lur en deu grat saber.

« Honte me prend quand je vois une nation conquise (1) « nous tenir ainsi tous vaincus et conquis; et ce sentiment « devrait bien pénétrer dans l'ame du roi d'Aragon et de « celui qui perd la Normandie....

Vergonha m pren quant una gens conqueza
Nos ten aissi totz vencutz e conques;
E degr' esser aitals vergonha prezza
Quom a me pren, al rey aragones
Et al rey que pert Normandia....

Cette pièce se compose de six strophes, toutes sur le même ton. L'envoi est en ces termes mordants et ironiques :

(1) Il appelle la France *une nation conquise*, apparemment à cause de l'agrandissement successif des possessions anglaises.

XIII SIÈCLE.

« Hommes puissants mal avisés, si j'avais sujet de vous « donner des louanges, volontiers je le ferais; mais ne « croyez pas que je passe mon temps à mentir; je ne de- « mande de vous ni reconnaissance ni présens.

Ricx malastrucx, s'ieu vos sabia
Lauzor, volontiers la us diria;
Mas no 'us pessetz menten mi alezer,
Que vostre grat no vuelh ni vostr' aver.

C'est ici un exemple de plus du regret avec lequel les Languedociens et les Provençaux virent leur pays passer sous la domination des rois de France, leur nationalité s'anéantir. Nous aurons encore lieu de remarquer de vives expressions de ce sentiment partagé par les citoyens de toutes les classes.

Cette pièce étant postérieure au départ de saint Louis pour sa première croisade, doit dater à peu près de l'an 1250. Rien ne prouve que Bertrand de Rovenac ait vécu encore long-temps après cette dernière époque. E—D.

RAMBAUD D'HIÈRES.

Lorsque Raimond VII eut conçu le projet de faire casser son mariage avec Sancie d'Aragon, et de se remarier, afin d'échapper à la clause du traité de paix de l'an 1229, par lequel ses États devaient appartenir après lui à Jeanne, sa fille unique, s'il mourait sans enfant mâle, Sancie trouva un refuge auprès de Raymond Bérenger IV, comte de Provence, son neveu. Mais après que ces princes furent convenus entre eux que Raymond VII épouserait la troisième fille de Bérenger, Sancie d'Aragon dut être entièrement sacrifiée à ces combinaisons politiques. Bérenger consentit à s'en séparer, et son mari lui assigna pour demeure le château de Pernes dans le Venaissin. Les Provençaux s'intéressaient à cette princesse; ils la virent quitter la cour d'Aix avec regret. « Le comte de Provence, « dit Papon, qui s'était couvert de gloire en recevant sa « tante dans ses états, se fit un tort infini par ce traité. » Un poète nommé Rambaud, natif d'Hières, exprima directement à Bérenger le sentiment du public, avec autant de noblesse que de naïveté. « Comte de Provence, lui dit-il, si la dame

Papon, Hist. de Prov. t. II, p. 326.

XIII SIÈCLE.

« Sanche nous quitte, nous ne vous tiendrons plus pour « aussi bon et aussi preux que nous le ferions si elle de- « meurait ici avec nous, et abandonnait l'Aragon pour la « Provence. Cette dame est belle, gracieuse et franche; elle « embellira tout le pays. Béni soit l'arbre d'où naît si belle « branche; qu'il se maintienne tel qu'il est, avec une saison « favorable!

Mss. du Vatican 3207, f. 55, Rayn. Choix, t. V, p. 401.

Coms provensals, si s'en vai dona Sanza,
No vos tenrem tan valen ni tan pro
Com fariam se sai ab nos s'estanza...
Qu'ill domna es bella, plaizens e franza,
E gensara tota nostra reio.
Ben aia arbres don nais tan bella brancha!
Qe tal's containg ad avinen saizo!...

Cette pièce ne renferme en tout que huit vers, et elle est la seule que l'on connaisse de Rambaud d'Hières, mais elle suffit pour montrer qu'il n'était pas sans talent.

Le fait auquel elle se rapporte est du mois de juin de l'an 1241; elle fut par conséquent composée à la même époque, puisque la comtesse Sancie n'avait point encore quitté la Provence au moment où le poète la composait.

Ni les détails de la vie de l'auteur, ni la date de sa mort ne sont connus: il suffira de sa pièce pour le classer chronologiquement dans la nombreuse suite des troubadours.

E—D.

SAVARIC DE MAULÉON. PRÉVOT DE LIMOGES.

SAVARIC DE MAULÉON, riche baron du Poitou, guerrier et poète, a de plus grands droits à sa renommée à cause de ses talents militaires et de la part qu'il prit aux événements politiques de son temps, que par le mérite de ses vers; mais les historiens des troubadours le représentent comme un seigneur si courtois, si instruit, si empressé d'accueillir et d'honorer chez lui les hommes de talent, si généreux enfin et si magnifique, qu'on ne saurait s'étonner du rang

XIII SIÈCLE.

distingué où ils l'ont placé parmi les hauts personnages qui s'amusaient de poésie au commencement du treizième siècle.

Savaric était fils de Raoul de Mauléon, vicomte de Thoars, et d'Alipse, fille d'Hugo de *Podio-Fagi,* seigneur de la maison de Lusignan. D'autres disent que son père se nommait Ebles. Son aïeul paternel était Gui, comte de Thoars, et son aïeule, Constance, fille de Geoffroi, duc de Bretagne, que Gui avait épousée après la mort d'Hadellia, sa première femme (1).

Sa carrière politique, en ce que nous en connaissons, commence à la mort de Richard Cœur-de-Lion, arrivée en 1199. A cette époque, Jean-sans-Terre ayant manifesté l'intention de dépouiller le jeune Arthur, fils de Geoffroi, son frère aîné, des états appartenants aux rois d'Angleterre sur le sol français, les hauts barons de la Bretagne, du Poitou, de l'Anjou, de la Touraine, se liguèrent pour soutenir les droits de leur jeune souverain. Les seigneurs de la maison de Lusignan, et avec eux Savaric de Mauléon, se mirent à la tête de cette ligue. Savaric, fait prisonnier à Mirebaud en 1202, avec le prince Arthur, Hugues Le Brun de Lusignan, le comte d'Eu et d'autres seigneurs, fut conduit en Normandie et de là en Angleterre. Renfermé dans une forteresse, il parvint à s'en échapper. Ce dernier fait eut lieu peu de temps après la mort d'Arthur, égorgé, comme l'on sait, de la propre main du roi son oncle. Soit que Jean, après avoir commis ce meurtre, eût favorisé l'évasion de Savaric, afin de se l'attacher; soit que celui-ci, après la perte d'Arthur, jugeât la domination d'un prince étranger moins dangereuse pour l'indépendance de son pays que celle de Philippe-Auguste, il entra dans le parti de Jean, qui le nomma commandant des provinces qu'il possédait vers le Midi de la France, avec le titre de *Sénéchal d'Aquitaine.*

Mss des troubad. de la Bibl. roy. n. 7225, f. 185, art. de Bertr. de Born, le fils.

Rayn. Choix, t. V, p. 97 98.

Mais se livrant à son indolence ordinaire, ce prince l'abandonna à ses propres forces dans ce poste difficile. Bientôt Philippe-Auguste l'attaqua, secondé par une partie des seigneurs de la Bretagne. Vainement Savaric demanda des secours, Jean ne lui envoya ni hommes ni argent : *Ni non donava socors ni ajuda d'aver ni de gen.* Les conquêtes de Philippe-Auguste furent rapides. Dans peu de temps, il ne

Même mss.

Matth. Paris, Rec. des hist. de France, tom. XVIII, p. 685.

(1) Fragm. Chronic. com. Pictav. et Aquitan. duc. Rec. des hist. des Gaules, tom. XVIII, pag. 243.

resta au roi d'Angleterre, de ses domaines de la Gascogne et du Poitou, que les villes de La Rochelle, Thouars et Niort.

Il paraît que c'est dans ces circonstances, et par conséquent en 1204 ou 1205, que Bertrand de Born, le fils, attaché à Philippe-Auguste, composa le sirvente contre le roi Jean, qu'il adressa à Savaric pour l'engager à abandonner la cause d'un prince qui ne connaissait, disait-il, ni honneur ni bonne foi. Il a déja été parlé de Bertrand de Born, le fils, à l'occasion de son père; mais le sirvente dont il s'agit est trop curieux pour que nous ne devions pas y revenir.

Mss. de la Bibl. roy. 7225, fol. 184, ch. 807. Rayn. Choix, t. IV, p. 199.

« Quand je vois le temps se renouveler, dit le poète, « quand la feuille et la fleur reparaissent, l'amour me rend « l'impatience, la hardiesse et l'habileté de chanter; et donc, « puisque le sujet ne me manque point, je composerai un « sirvente cuisant, que j'enverrai publiquement outre-mer, « au roi Jean afin qu'il en ait honte.

Quant vei lo temps renovellar,
E pareis la fueill' e la flors,
Mi dona ardimen amors
E cor e saber de chantar;
E doncs, pueis res no m'en sofraing,
Farai un sirventes cozen
Que trametrai lai per presen
Al rei Joan que s n'a vergoing.

« Et il devrait bien rougir, s'il se rappelait ses ancêtres, de laisser de ce côté le Poitou et la Touraine « au roi Philippe, sans les réclamer. C'est pourquoi toute « la Guienne regrette le roi Richard, qui employa à la dé- « fendre maint et maint argent; mais quant à celui-ci, je ne « vois pas qu'il en ait cure.

E deuria s ben vergoignar
S'il membres de sos ancessors,
Com laissa sai Peitieus e Tors,
Al rei Felip sés demandar;
Per que tota Guiana plaing
Lo rei Richart, qu'en deffenden
En mes mant aur e mant argen;
Mas acest no m par n'aia soing.

« Mieux il aime la pêche, la chasse, braques, lévriers, « vautours, mieux surtout le repos, parce que l'honneur lui « manque, et il se laisse dépouiller tout vivant...

XIII SIECLE

Mais ama'l bordir e'l cassar,
E bracs e lebriers e austors
E sojorn, por que il faill honors,
E s laissa vius deseretar....

Après avoir ensuite reproché leur aveuglement et leur folie aux seigneurs qui défendent sa cause, sans craindre les conséquences d'une si imprudente détermination, l'auteur s'adresse à Savaric de Mauléon. « Savaric, lui dit-il, roi à « qui le cœur manque, difficilement obtiendra une heureuse « conquête, et puisqu'il est mou et lâche, que jamais sur lui « nul homme ne s'appuie.

Savarics, reis cui cors sofraing
Greu fara bon envasimen;
E pois a flac cor recrezen,
Jamais nuls hom en el non poing.

Cette pièce est un monument historique d'un assez grand intérêt. Si Bertrand de Born n'y montre pas tout le talent de son père, on y voit du moins qu'il en avait tout le courage et toute l'énergie. Elle est, du reste, la seule qu'on puisse lui attribuer avec certitude. Un sirvente qui se trouve sous son nom dans le manuscrit 3208 du Vatican, p. 96, commençant par *Pos sai es vengutz Cardaillac,* est donné ailleurs au dauphin d'Auvergne. On suppose que ce seigneur fut tué à la bataille de Bouvines, où il combattait dans l'armée de Philippe-Auguste.

Rayn. Choix, t. V. p. 99.

Le roi Jean, venu en France en 1206, sur l'invitation d'un grand nombre de seigneurs du Poitou, loin de travailler avec vigueur à reconquérir ses états, borna ses exploits à incendier la ville d'Angers, et aussitôt après, effrayé par l'approche de Philippe-Auguste, il repartit pour l'Angleterre, heureux d'obtenir une trève de deux ans. Cette trève étant expirée, et Savaric, ainsi que le vicomte de Thoars, tenant toujours pour le parti de ce prince, Philippe-Auguste les fit attaquer par le maréchal Henri Clément, Guillaume des Roches et Dreux de Mello. Savaric fut réduit à faire sa paix particulière. Le traité en fut signé à Paris, aux fêtes de Noël de l'an 1209. Il y fut convenu que Savaric se tiendrait pour homme lige du roi, et que si Philippe prenait La Rochelle ou Coignac, il lui donnerait ces villes en fief.

Chronic. andeg. Recueil des hist. de France, t. XVIII, p. 326 E, 327 A.

Alb. trium font. ibid. t. XVIII, p. 774.

Martène et Durand, Vet. script. ampl. collect. t. I, col. 1088.

Ce traité n'ayant point prohibé à Savaric de combattre d'autres ennemis que Philippe, il conduisit à Raimond VI, en 1211, un secours de deux mille Basques, et aidés de ce

D. Vaissette, t. III, p. 205, 216, etc.

XIII SIÈCLE.

renfort, ils assiégèrent ensemble le comte de Montfort dans Castelnaudary. Cette entreprise n'ayant pas réussi, ils levèrent le siége, et attaquèrent d'autres places du Languedoc avec des succès différents. Le courage et le dévouement de Savaric furent en dernier résultat peu utiles à Raimond, contre des forces beaucoup trop supérieures. On voit seulement que ce chef avait inspiré quelque terreur aux croisés; car l'historien Pierre de Vaux-Sernai lui prodigue avec amertume, à l'occasion de cette guerre, les épithètes de détestable apostat, d'opprobre du genre humain, de ministre de l'antechrist, de fils du diable, s'il n'est plutôt le diable lui-même tout entier, *imò totum diabolum*.

Petri Val Sarnaii, Hist. albig. Rec. des hist. de Fr. t. XIX, p. 51.

Lettre d'Innocent III, ibid. p. 75.

Ibid. t. XVIII, p. 777.

En 1214, il était en Angleterre auprès du roi Jean, et au commencement de l'année 1215, tandis qu'il commandait l'armée que ce roi avait rassemblée contre les barons, il fut grièvement blessé aux approches de Londres. Mais la publication de la grande charte, qui eut lieu dans la même année, et la mort de Jean, arrivée au mois d'octobre 1216, mirent fin à cette guerre, et Savaric demeura attaché au service du jeune Henri III, âgé seulement de neuf ans.

Chronic. angl. Rec. des hist. de Fr. t. XVIII, p. 107.

Ibid. 111.

Annal. Waverl. ibid. p. 205.

En 1219, il partit pour la Syrie, en compagnie de plusieurs chevaliers anglais et français. C'était alors le moment où les croisés assiégeaient Damiette. Le secours de quelques vaisseaux que Savaric et ses compagnons leur amenèrent, produisit une grande joie dans le camp. Le pape Honorius III appelait à cette occasion Savaric, *son cher fils*. L'historien Matthieu Paris ajoute que les croisés élevaient leurs mains vers le ciel, en actions de graces, et croyaient n'avoir plus rien à redouter depuis son arrivée.

Chron. Albtrium font. ibid. p. 789

Matth. Paris, Major Angl. hist. ibid. t. XVII, p. 750.

En 1224, il exerçait les fonctions de *sénéchal d'Aquitaine* pour le roi d'Angleterre son seigneur. Il est même vraisemblable qu'il n'avait pas cessé de remplir cette place depuis bien des années, car, en 1213, les Pères du concile de Lavaur, dans une lettre qu'ils écrivirent à Innocent III, le désignaient par cette qualité.

Petr. Val. Sarn. Hist. Albig. ibid. t. XIX, p. 75.

En cette année 1224, Louis VIII, décidé à rentrer dans tous les fiefs mouvants de la couronne, qui restaient au roi d'Angleterre sur le sol français, mit le siége devant Niort. Savaric tenta d'abord de défendre cette place. Trop inférieur en forces, il obtint quelques jours après, par une capitulation, la faculté d'en sortir à la tête de sa troupe, et avec toutes ses armes. Il alla alors s'enfermer à La Rochelle. Le

Chron. de S. Denis, ibid. t. XVII, p. 419.

Chron. Turon. ibid. t. XVIII, p. 305.

Jac. de Guyse, Hist. de Hainaut. Ann. de Hainaut, publ. par M. Fortia d'Urban, t. XIV, p. 407.

XIII SIÈCLE.

roi l'y suivit. Des machines furent aussitôt dressées; le siége dura dix-huit jours. Réduit encore une fois à capituler, Savaric emmena ses soldats en Angleterre, après avoir obtenu pour les bourgeois la faculté de traiter de leur côté, et le maintien de leurs franchises.

Arrivé auprès d'Henri III, il sollicita de nouveau des secours; ce fut inutilement; il eut même la douleur de reconnaître que, malgré la glorieuse défense par laquelle il venait de s'illustrer, les Anglais ne se fiaient point entièrement à lui; il soupçonna même qu'on voulait le faire arrêter. Alors il revint en France, traita avec Louis VIII, et lui fit hommage de tous ses fiefs. Ce traité eût lieu en la même année 1224; et, en 1226, on le voit s'engager avec Louis VIII à faire la guerre aux Albigeois : ce nouveau traité est du 28 janvier.

Chron. Pictav. Rec. hist. Fr. t. XVIII, p. 243.

D. Vaissette, t. III, p. 350.

La prise de La Rochelle ayant facilité à Louis VIII la conquête de tous les pays voisins, un grand nombre de seigneurs du Périgord, de la Guyenne et du Poitou, se soumirent. La mort de ce prince changea encore une fois la face des affaires. Rien ne pouvait dissuader les grands de ces provinces de l'opinion où ils étaient, que la suzeraineté d'un roi séparé d'eux par la mer, était la forme de gouvernement la plus favorable à l'indépendance de leurs fiefs. Aussitôt après la mort de Louis, ils formèrent entre eux une nouvelle ligue en faveur d'Henri III, et l'invitèrent à passer en France, espérant que la minorité de Louis IX favoriserait leur entreprise. Savaric, entré dans cette union, se rangea sous les étendards de Richard, frère du roi d'Angleterre, lorsque celui-ci débarqua à Bordeaux. Mais bientôt ce prince, battu sur divers points, ayant été contraint de se rembarquer, il ne resta plus d'autre parti au seigneur français que de se soumettre définitivement à Louis IX : c'est ce qu'il fit par un acte du mois de mai ou de juin de l'année 1227. Cet acte est indiqué par les historiens, seulement comme une trêve qui devait durer jusqu'à la Saint-Jean; mais il est vraisemblable que la trêve fut convertie en un autre accommodement à perpétuité. Après ce dernier fait, on ne découvre plus rien de relatif à l'histoire politique de Savaric de Mauléon. Si nous admettons qu'il fût âgé de trente ans environ à la mort du roi Richard, il en avait à peu près soixante à l'époque de ce dernier traité fait avec le roi de France. Nous supposons, d'après cela, que sa mort ne doit pas s'éloigner beaucoup des

Chron. Turon. loc. cit. t. XVIII, p. 318.

Chron. Turon. ibid. pag. 319, 320.

années 1240 ou 1245 (1). Le troubadour Hugues de Saint-Cyr a écrit la notice historique où est racontée son histoire galante.

C'est au milieu d'une carrière si agitée que Savaric de Mauléon trouva des moments pour composer des vers. Nous l'avons vu, dans la vie d'Hugues de la Bachélerie, amoureux de la dame Guillemette de Bénagués, femme du seigneur de Langon. Comme il se trouvait un jour chez elle, en compagnie d'Élias Rudel, seigneur de Bergerac, et de Geoffroi Rudel, seigneur de Blaye, et que tous trois la priaient d'amour, cette dame espiègle et coquette, qui déja les avait retenus tous pour ses chevaliers, chacun à l'insçu des deux autres, sut les satisfaire en les trompant tous trois. A Geoffroi Rudel, assis en face, elle lança un regard amoureux; prenant la main de Bergerac, elle la lui serra vivement; et de son pied, elle pressa le pied de Savaric, avec un sourire mêlé d'un soupir. *Et ela, com la plus ardida dona c'om anc vis, comenset ad esgardar* En *Jaufre Rudelh de Blaya amorozamen, car el sezia denan; et a* n'*Elias Rudelh de Bragairac pres la man, et estreis la fort amorozamen; et de mosenher* En *Savaric causiget lo pe rizen e sospiran.* Les deux Rudel, en sortant, se contèrent mutuellement leur bonne fortune. Savaric n'osait avouer la faveur qu'il avait obtenue, attendu qu'il se croyait le plus favorisé; cependant il proposa la question à Gauselm Faidit et à Hugues de la Bachélerie. Cette question donna lieu à la tenson de trois interlocuteurs (*Torneyamen*), dont nous avons déja cité des fragments à l'occasion de Hugues de la Bachélerie. Savaric composa le premier couplet:

Rayn. Choix, t. II, p. 440.

Suprà, t. XVIII, p. 574.
Rayn. Choix, t. II, p. 198.

Gauselms, tres jocx enamoratz
Partisc a vos et a n'Ugo,
E quascus prendetz lo plus bo,
E layssatz me qual que us vulhatz:
Qu'una domn'a tres preyadors,
E destrenh la tan lor amors
Que, quan tug trey li son denan,

(1) Nous écrivions ceci en 1834, avant de connaître la Notice historique publiée par M. l'abbé de La Rue, sur Savaric de Mauléon, dans ses Essais historiques sur les Bardes, les Jongleurs et les Trouvères, ouvrage imprimé à Cren, en 1834 (tom. III, pag. 121 et suiv.). Ce savant écrivain prouve par des instructions qu'il a puisées aux archives de la Tour de Londres, que Savaric mourut en 1236 (pag. 124). Il le classe parmi les trouvères, mais par une pure présomption. Du reste, le travail de M. de La Rue confirme par des dates les époques de quelques-uns des faits que nous avons recueillis.

A quascun fai d'amor semblan;
L'un esgard' amorozamen,
L'autre estrenh la man doussamen,
Al terz caussiga lo pes rizen :
Digatz al qual, pus aissi es,
Fai major amor de totz tres.

Gauselm, trois jeux amoureux
Je propose à vous et au seigneur Hugues;
Et chacun prenez le meilleur,
Et laissez-moi quel que vous veuilliez.
Car une dame a trois solliciteurs,
Et si bien elle resserre leur amour
Que quand tous trois sont devant elle,
A chacun fait d'amour semblant.
L'un elle regarde amoureusement,
A l'autre serre la main doucement,
Au troisième elle presse le pied en riant :
Dites auquel, puisqu'ainsi est,
Elle fait plus grande amour de tous trois.

Faidit préfère l'œillade, Hugues le serrement de main. Savaric reprend :

N'Ugo, pus lo mielhs mi laissatz,
Mantenrai l'ieu ses dir de no :
Donc dic qu'el causigat que fo
Faitz del pe fo fin amistatz
Celada de lauzenjadors;
E par ben, pois aitals secors
Pres l'amics rizen, jauzian,
Que l'amors fo ses tot enjan :
E qui'l tener de la man pren
Per major amor, fai non sen.
E d'EN Gauselm no m'es parven
Que l'esguart per meilhor prez es
Si tan com ditz d'amor saubes.

Seigneur Hugues, puisque le mieux vous me laissez,
Je le maintiendrai sans dire non :
Donc je dis que le presser qui fut
Fait du pied fut fine amitié
Dérobée aux médisants;
Et il paraît bien, puisque tel moyen
Prit l'amie riant, jouissant,
Que l'amour fut sans aucune tromperie :
Et qui prend le serrement de main
Pour plus grande amour, fait non-sens;
Et du seigneur Gauselm ne me paraît
Que l'œillade pour meilleur il prisât,
Si autant qu'il le dit en amour il savait.

Faidit soutient que les yeux sont messagers d'amour, et que le *pressement* de pied n'est souvent qu'une moquerie.

Hugues persiste à croire que le serrement de main annonce plus de sincérité.

Le nombre des six strophes voulues par l'usage se trouvant rempli, Savaric ne peut plus répliquer; il ajoute seulement dans l'envoi, qui est une strophe de cinq vers :

Gauselms, vencutz etz el conten
Vos et EN Ugo certamen,
E vuelh qu'en fassa'l jutjamen
Mos Garda-Cors que m'a conques,
E NA Maria on bon pretz es.

Gauselm, vaincu vous êtes dans la dispute,
Vous et le seigneur Hugues certainement;
Et je veux qu'en fasse le jugement
Mon *Garde-Corps* qui m'a conquis,
Et la dame Marie où bon prix est.

Faidit désigne pour troisième juge la dame de Bénagués elle-même, et il veut que la décision soit prononcée en présence des trois *amoureux courtois;* ce qui est faire entendre fort clairement que la question ne doit jamais être jugée.

Malgré l'espérance que le pressement de pied avait fait concevoir à Savaric, la dame de Bénagués, qui l'appelait souvent auprès d'elle du Poitou en Gascogne, par mer et par terre, le trompait chaque fois par quelque invention nouvelle; *E mantas vez fes lo venir de Peitieus en Gascuenha per mar e per terra ; e cant era vengutz gen lo sabia enganar ab falsas razos, que no'l fazia plazer d'amor.* Las apparemment de cet amour sans succès, Savaric fit choix d'une autre dame jeune, belle, aimable et desireuse de célébrité, femme de Guiraut, comte de Mansac. Cette dame, charmée d'attirer à elle un amant de si grand renom, l'agréa pour son chevalier, et lui accorda bientôt le plus tendre rendez-vous; *E la dona per la gran valor que vi en el, retenc lo per son cavayer, et det li jorn qu'el vengues a leys per penre so que demandava.* Il y eut en ceci quelque tromperie, ou bien il fut commis de la part de Savaric une grande indiscrétion; quoi qu'il en soit, la dame de Bénagués, informée du rendez-vous donné à Savaric, lui manda sur-le-champ de venir chez elle en secret, lui faisant espérer une complaisance sans réserve, *per aver d'ela tot son plazer,* et cela pour le jour même où la comtesse de Mansac l'attendait.

Mss. de la Bibl. roy. 2701.
Rayn. Choix, t. V, p. 366, 442.

XIII SIÈCLE.

Le troubadour Prévost de Limoges, ayant reçu de Savaric la confidence de l'embarras où il se trouvait, lui demanda à laquelle de ces dames il allait offrir ses vœux, ne doutant pas que la préférence ne fût due à la dame de Mansac. Sa demande et la réponse de Savaric devinrent le sujet d'une tenson. « Seigneur Savaric, dites-moi en chantant (ce que « vous pensez) d'un brave chevalier qui a aimé long-temps « une dame d'un grand prix, et l'a mise en oubli, puis il en « prie une autre qui devient son amie, et (celle-ci) lui as- « signe un jour (pour) qu'il vienne vers elle et jouisse selon » ses désirs; et quand l'autre vient à le savoir, elle lui mande « que le même jour elle lui accordera le prix qu'il deman- « dait : d'égal mérite, d'égale beauté sont les deux dames; « choisissez suivant votre inclination.

En Savaric, ie us deman
Que m diatz en chantan,
D'un cavayer valen
C'a amat lonjamen
Una dona prezan,
Et a'l mes en soan;
Pueys preya n'autra
Que en deven s'amia,
E manda'l jorn c'am leys vaza
Per penre tot son voler;
E can l'autra 'n sap lo ver, etc.

« Seigneur Prévost, répond Savaric, les vrais amants ne « vont point changeant leurs affections, et ils ne cessent « point d'aimer, quand bien même ils feignent d'aller priant « ailleurs. Car nullement, pour un refus, un homme ne doit « déplacer son cœur; au contraire, il attend tout avec bon « espoir de celle qu'il aime. Qu'il se tienne auprès d'elle et « garde sa route, elle ne le trompera point.

En Prebot, li fin ayman
No van lur cor camian,
Desaman lialmen,
Sitot si fan parven
C'anon alhors preian....
Car ges per la fadia
Non deu hom son cor mover,
Ans atend ab bon esper....

Prévost réplique que dans ce cas le chevalier reconnaîtra bien mal les bontés de la seconde dame, qui s'est mise en son pouvoir de si bonne grace.

Savaric ajoute qu'une dame qui cède si promptement ne sait pas bien aimer, et manque de prudence autant que d'amour.

On a peine à croire qu'un chevalier aussi courtois que Savaric se soit expliqué avec tant d'inconvenance sur une femme qu'il avait lui-même priée d'amour, quelque galante qu'elle pût être. Cette anecdote nous peindrait des mœurs par trop dégradées. Le rendez-vous donné par la dame de Mansac, et l'existence même de cette dame, étaient peut-être des suppositions, et la coquette Guillemette fut prise au piége.

La date de cette tenson est indiquée par l'envoi. Prévost prend pour juges la dame de Benagués elle-même, Marie de Ventadour, et la dame de Montferrat, savantes en amour; Savaric adhère à ce choix. Or, nous avons montré précédemment, à l'article de Marie de Ventadour, que cette dame mourut entre 1215 et 1218. La pièce est par conséquent antérieure au moins à cette dernière année, et elle peut l'avoir précédée de beaucoup.

T. XVII, p. 561.

Prévost n'est connu que par cette tenson; on sait seulement qu'il était de Limoges.

Une pièce plus remarquable de Savaric, mais dont il ne subsiste qu'un fragment, appartient évidemment à l'an 1211; et elle est entièrement politique, quoique sous la forme d'une déclaration d'amour. « Désormais, madame, « dit le guerrier poète, il serait bien juste que je parvinsse « à vous conquérir, puisque tant d'autres vous ravissent « par la violence et le brigandage. J'ai si bien fait que j'ai « rassemblé Basques et Brabançons. Si belle est la récompense, que nous sommes cinq cents prêts en tout à exécuter « vos commandements. Mandez-nous votre volonté; aussitôt « à cheval, car tous nous avons sellé.

Pièce commençant par *Domna, be sai.* Mss. du Vatican, 3207, fol. 55.

E mandatz la vostra volontat,
Car montarem, que tots avem selat.

Le sens de cette pièce n'est pas difficile à reconnaître. La dame à qui Savaric offre son hommage est la malheureuse reine Éléonore, femme de Raimond VI; les brigands sont les soldats de la ligue; la conquête à faire est celle du Languedoc. On aime à voir Savaric prendre le ton de la galanterie en annonçant à une reine tombée dans l'infortune, les exploits qu'il va tenter pour son service. Le treizième

XIII SIÈCLE.

siècle se montre ici dans toute sa grandeur chevaleresque.

Tel fut Savaric de Mauléon, né dans la plus haute noblesse de son temps, homme politique, guerrier, Anglais ou Français suivant son intérêt, aventureux, galant, magnifique, poète, protecteur des troubadours, type des héros de la féodalité. É—D.

BERTRAND DE SAINT-FÉLIX.

Ce poète, quelle que fût sa position sociale, paraît avoir été lié avec Hugues de la Bachélerie, de qui nous avons parlé précédemment. Nous supposons, d'après cela, qu'il fut admis comme lui à la cour de Marie de Ventadour et à celle de Savaric de Mauléon, ainsi que les troubadours les plus estimés de cet âge, du Limousin et du Poitou : c'est ce motif qui nous fait placer sa notice à la suite de celle de Savaric. Il n'est connu que par une seule pièce; ce qui semble annoncer qu'il ne faisait pas son état de l'art des vers. Cette pièce est une tenson entre Hugues de la Bachélerie et lui. C'est Hugues qui propose la question.

T. XVII, p. 574.

Mss. du Vatican, 3208, p. 86.

Rayn. Choix, t. IV, p. 30.

« Dites, Bertrand de Saint-Félix, ce que vous préféreriez « éprouver de la part d'une dame de grand prix, franche, « courtoise, agréable dans ses manières, qui jamais n'aurait « aimé personne à titre de galanterie, ignorante de toute « ruse et de toute tromperie? Choisissez, ou que vous l'alliez « priant, ou qu'elle vous prie elle-même, vous aimant jus- « qu'à ce point.

Digatz, Bertrand de san Felix,
Lo qual tenriaz per meillor,
D'una domna de gran valor,
Franca, corteza, ab bel semblan,
Qu'anc non amet per nom de drudaria,
Ni ren sap d'engan, ni de bauzia?
Era chauzetz, que vos l'anetz preian,
O qu'ela us prec, e que us am atretan.

Bertrand répond: « Seigneur Hugues, vous poseriez agréa- « blement les jeux partis, si vous eussiez trouvé un bon « choisisseur; mais je vous procurerai peu d'honneur, car « je vois que vous faites le partage sans ruse. Vous qui de

« prier avez le talent, je veux que vous priiez ; quant à moi, « il me semblerait folie de dédaigner un don si précieux et « si grand, si elle me connaît bien celle qui est empressée « de me plaire.

N'Ugo, ben fazetz jocs partitz,
Si trobassetz bon chauzidor;
Mas ieu non farai tan d'onor,
Car vei que partetz ses engan.
Vos, que avetz de preiar maestria,
Voill que preietz, car foudatz semblaria
Qu'ieu soanes tan ric don ni tan gran,
Si be m conosc qu'el grazirs a afan.

Hugues réplique : « Bertrand, vous n'avez point choisi « selon l'esprit des amants délicats; car, au jugement d'a- « mour, mieux vaut (la récompense) quand on l'obtient « par la prière....

Bertrans, ges aissi non chauzitz
A guisa de fin amador,
Que, segon jutjamen d'amor,
Val mais quan la prec merceian....

Après une strophe où Bertrand soutient qu'une dame est loin de commettre une faute, si elle requiert un ami sans tromperie et sans vouloir s'en faire un serviteur, il dit enfin : « Seigneur Hugo, ma jouissance est accomplie sans crainte « des envieux, et vous, vous demeurez dans l'erreur; car je « tiens et vous allez musant : ce que je veux, je le possède, « et ma dame a ce qu'elle désirait. Donc, je serais bien fou, « si je demandais davantage au temps, car jamais il n'arriva « mieux à nul fidèle amant; je puis rire quand l'autre va « pleurant.

So qu'ieu voll ai, et il so que volia;
Doncs sui ben fols s'al segle plus querria,
Qu'anc non anet miels a nuill fin aman;
Qu'ieu posc rire quan l'autre va ploran.

Nous donnons de longs fragments de cette pièce, en faveur de l'esprit avec lequel Bertrand de Saint-Félix défend sa cause. M. Raynouard l'a publiée en entier. É—D.

AIMÉRIC DE PÉGUILAIN.

MORT vers l'an 1255.

La vie d'Aiméric de Puyguilan ou de Péguilain n'est qu'une suite de plaisirs et de galanteries, mais elle a été longue; ce troubadour fit des vers pendant plus de cinquante années; il composa des tensons avec un grand nombre d'autres poètes, depuis Faidit et Bergédan jusqu'à Guillaume Figuières, et fréquenta les cours les plus illustres du midi de la France et de l'Italie supérieure, dans des temps féconds en grands événements : ce sont là des raisons pour que nous nous attachions avec soin à la chronologie des faits auxquels se rapportent plusieurs de ses pièces de vers, d'autant que cet ordre chronologique a été totalement bouleversé par un écrivain recommandable (Papon), qui s'est trop confié au romancier Nostradamus.

Papon, Voyage de Provence, t. II, p. 337 et suiv.

Aiméric surnommé de Péguilain naquit à Toulouse; il était fils d'un marchand de draps. Son surnom de *Péguilain* a été écrit de diverses manières; mais comme il diffère essentiellement de ceux des autres troubadours nommés Aiméric, il est impossible de les confondre. Devenu de bonne heure amoureux d'une dame de son voisinage, femme d'un bourgeois, il renonça à la profession de son père, et se mit à composer des vers. Il chantait mal; mais, quoique ce fût là un grand défaut relativement aux habitudes de son temps, il obtint de brillants succès. L'amour, dit son biographe, le fit poète : *Et aquela amors li mostret trobar*. Ses assiduités auprès de sa voisine ayant excité la jalousie du mari, il s'ensuivit un duel où ce dernier fut blessé d'un coup d'épée à la tête. Obligé de s'expatrier, le jeune troubadour se réfugia dans la Catalogne, auprès de Guillaume de Bergédan, de qui nous avons parlé précédemment, lequel goûta son talent, lui donna, suivant l'usage, un palefroi et de riches habillements, *tan qu'el li donet son palafre et son vestir,* et l'introduisit à la cour du roi de Castille (Alphonse IX), qui le combla de présents et d'honneurs.

Ceci se passait nécessairement avant que Bergédan eût été dépouillé de ses biens et se fût réfugié, en état de ruine totale, chez Richard Cœur-de-Lion; or Richard partit pour la Syrie, le 14 septembre 1190, ne rentra en France qu'en 1194, et mourut le 6 avril 1199; il suit de là que le séjour d'Aiméric de Péguilain chez Bergédan est antérieur à la fin de l'année 1190, ou du moins à l'année 1199. Par conséquent, s'il avait vingt ou vingt-cinq ans quand il quitta Toulouse, il était né vers l'an 1175, et il était âgé de soixante-dix ou soixante-douze ans, quand il écrivit sa complainte sur la mort de Raimond Bérenger IV, arrivée en 1245.

C'est pendant son séjour dans la Catalogne, ou auprès du roi de Castille, qu'il a dû composer sa tenson avec Bergédan, commençant par : EN *Berguedan*.

Mss. de la Bibl. roy. 2701, ch. 203.

« Il s'agit de savoir lequel vaut mieux, d'être aimé d'une « dame sans l'aimer, ou de l'aimer sans obtenir son amour. C'est Aiméric qui interroge.

« Ne croyez pas, répond Bergédan, que ce soit pour « *muzer* que je fasse l'amour; je ne suis point un homme « désœuvré; avec les dames, comme au jeu des dés, il faut « que je gagne.

C'ang en amor no vengui per muzar,
Ni anc no fuy d'aquels desfazedatz;
Que gazenhar vuelh de dona e de datz.

Aiméric ayant soutenu la proposition contraire, Bergédan finit par lui dire : « Ne cherchez pas à vous jouer de nous; « si vous eussiez aimé avec les sentiments dont vous vous « vantez, vous ne vous seriez pas tant éloigné de Toulouse.

Bar N'Aimeric, ja no us cuidetz gabar,
Que s'amassetz tan cant aysi eus vanatz,
No us foratz tan de Tholoza lunhatz.

La mort d'Alphonse II, roi d'Aragon, dit Alphonse Ier, comme comte de Provence, arrivée en 1196, devint pour lui le sujet d'une complainte qui n'existe plus, mais qu'il a rappelée dans celle où il a célébré la mémoire de Raimond Bérenger IV.

Après un séjour de plusieurs années dans les cours de Castille et d'Aragon, curieux de visiter celles de la Provence proprement dite, et de l'Italie, il se mit en route pour ces contrées, où il devait trouver des protecteurs non moins généreux que ceux qui l'avaient accueilli auparavant. Sa passion pour la dame de Toulouse n'était point éteinte. Ayant appris

XIII SIECLE.

que le mari allait en pélerinage à Saint-Jacques de Compostelle, il résolut de profiter de son absence, et d'arriver à Toulouse, inconnu, afin de voir sa maîtresse sans la compromettre. Le roi Alphonse de Castille, qui s'était engagé à fournir à tous les frais du voyage jusqu'à Montferrat, s'amusa de cette intrigue. Ils imaginèrent ensemble une mascarade où Péguilain devait figurer comme un prince de Castille. Le roi lui composa un cortége de gardes et de chevaliers supposés, qui durent l'accompagner jusqu'à Montpellier. Entré à Toulouse, la nuit, dans cet équipage, Péguilain se fit annoncer chez la dame comme un cousin du roi Alphonse, allant en pélerinage, et qui demandait l'hospitalité. Cette dame s'empressa d'offrir son plus bel appartement. Le soi-disant prince se fit coucher par ses gens, et le lendemain matin, en s'excusant auprès de la dame de la maison, de ce qu'une indisposition l'empêchait de se présenter chez elle, il la fit prier de venir le voir. Arrivée sur-le-champ, elle le reconnut, et feignant de rajuster le drap de lit, elle s'inclina et lui donna un baiser; *e la donna fès parven que'l cubres dels draps, e baizet lo.* Je ne sais, continue le naïf historien, ce qui put se passer ensuite, mais le seigneur Aiméric demeura dix jours auprès de sa dame, sous le prétexte de sa maladie, *per ochaizo d'esser malautes.* Ainsi se vérifia le mot de Bergédan : « Si vous eussiez agi comme vous vous en « vantez, vous ne vous seriez pas tant éloigné de Toulouse. »

Après avoir quitté son cortége à Montpellier, le poète se rendit à Aix, où il ne put manquer d'être bien reçu du comte de Provence, Alphonse II, et de Garsende de Sabran, sa femme, ne fût-ce qu'en considération de sa pièce de vers à la louange d'Alphonse Ier, père du comte. Il se lia avec Blacas, soit à Aix, soit à Aups, fait dont la preuve existe dans les envois qu'il lui adressa de plusieurs de ses pièces postérieures.

C'est après ces différentes stations qu'il arriva à Montferrat, chez Boniface III. L'Italie supérieure était alors occupée des préparatifs de la croisade de 1202, dont Boniface fut le chef. Péguilain s'annonça sur-le-champ par un sirvente dont l'objet était d'exciter les peuples à la conquête des lieux saints. Dans cette pièce, écrite en provençal, comme une foule d'autres, quoique faite pour des Italiens, il félicitait le marquis Guillaume de Malaspina de s'être croisé un des premiers, et invitait le marquis de Montferrat à se couvrir de la gloire qui avait déja illustré sa famille dans ces guerres sacrées. Il eut un moment le projet de prendre lui-même la croix; « le bon pape Innocent, disait-il, sera notre guide, *Nos guizara lo bon papa Innocens;* » mais il y renonça.

Nous voyons dans tout ceci qu'il s'agissait bien en effet de la croisade de 1202, et que par conséquent le poète était arrivé en Italie vers l'an 1201; car Innocent III, mort en 1216, n'eut pour successeur un pape de son nom qu'en 1242, et aucun des marquis de Montferrat, successeurs de Boniface III, ne paraît s'être croisé. Quand ces princes se portèrent dans l'Orient, ce fut pour s'occuper de leur royaume de Thessalonique, et non pour conquérir la Syrie.

De la brillante cour de Montferrat, Aiméric se rendit auprès des seigneurs de la maison d'Est. Le chef de cette famille était alors Azon VI, célèbre Guelfe, tantôt podestat de Ferrare, de Crémone, de Vérone, de Modène; tantôt chassé de ces mêmes pays par le parti des Gibelins. Aiméric, en suivant sa cour, chantait ainsi ses vers de ville en ville dans la Haute-Italie et y faisait entendre un langage familier aux personnes instruites, et entendu même du peuple.

Bientôt ses liaisons s'étendirent de la maison d'Est à celle de Malaspina, qui en était une branche. C'est surtout avec Guillaume, neveu d'Albert le troubadour, de qui nous avons parlé précédemment, qu'il se lia d'une manière particulière.

Hist. littér. t. XVII, p. 521.

Parti de Toulouse dans des temps de tranquillité et de bonheur, il n'y retourna point, du moins pour y demeurer, quand les troupes de la ligue y eurent porté la dévastation. Il continua néanmoins une honorable correspondance avec Alphonse IX, Pierre II, roi d'Aragon, Raimond VI et Éléonore d'Aragon sa femme; c'est ce qu'on reconnaît, notamment en ce qui concerne Pierre II, dans un sirvente sur le pervertissement de la noblesse et sur les malheurs de son temps, adressé à ce roi et à une dame que le poète nomme *N'Agradiva*, la dame *gracieuse*. Cette pièce est nécessairement antérieure à l'an 1213, époque de la mort de Pierre II. Nous y reviendrons tout à l'heure.

A la mort d'Azon VI, qui eut lieu à Vérone en 1212, Aiméric de Péguilain composa une complainte, commençant par ce vers: *Anc non cugey que m pogues oblidar.*

Muratori, delle antich. Estensi, part. I, p. 378, 379.

Le personnage qu'il célèbre est Azon VI, quoiqu'il lui donne seulement le titre de *Marquis d'Est;* il ne saurait y avoir d'équivoque, car les qualités qu'il attribue à ce seigneur ne pourraient convenir ni à Aldovrandin, ni à Azon VII, ses deux fils, l'un à peine adolescent, l'autre encore enfant lors de la mort de leur père, et qui lui succédèrent l'un à la suite de l'autre, dans l'espace de trois ans.

Le jeune Frédéric II, né en Italie, élevé à Naples, ayant attaqué, en 1212, Othon IV, son rival, qui s'était fait couronner empereur à Rome, et l'ayant chassé de l'Italie, Péguilain, charmé de la bravoure de ce prince à peine âgé de dix-sept ans, lui adressa, dans le courant des années suivantes, un sirvente où il témoignait son admiration pour le grand caractère qu'il lui voyait déployer. Le poète, en déplorant la perte de plusieurs hommes illustres, morts récemment, témoigne l'espoir de voir Frédéric les remplacer tous, rétablir l'honneur et la vertu par son courage, sa sagesse, son instruction, son éloquence, et guérir le monde (ce sont ses expressions) des blessures quelui ont faites tant de pertes réitérées coup sur coup.

Rayn. Choix, t. IV, p. 195.

Il semble qu'en 1214, la mort d'Alphonse IX, le plus ancien des protecteurs du troubadour, ait amené aussi l'expression de ses regrets. Le sirvente dont il s'agit commence par ce vers : *Totas honors e tuig faig benestan.* Toutefois on ne saurait lui attribuer cette pièce avec certitude.

Mss. de la Bibl. roy. 7225, fol. 199.

Vers l'an 1225, il eut à déplorer la mort de Guillaume de Malaspina. Point de doute sur ce personnage, attendu qu'il paraît avoir été, de tous les nombreux amis de Péguilain, celui de qui l'attachement pour ce poète fut le plus sincère et le plus durable. D'ailleurs ce Guillaume de Malaspina, préfet de Rome, fils d'Obizzon, frère de Conrad et neveu d'Albert le troubadour, est le seul seigneur de la branche régnante de cette maison, nommé Guillaume, pendant deux ou trois générations.

En 1245, la mort de Raimond Bérenger IV, comte de Provence, fut l'occasion d'une nouvelle complainte.

Enfin, vers la même année, ou peut-être plus tard, la mort d'une princesse de la maison d'Est renouvela et aggrava les anciennes douleurs de Péguilain. Son chagrin se manifesta dans une pièce de vers dont nous allons bientôt parler. Rien n'indique d'une manière positive qui était cette princesse ; mais il est facile de voir qu'il s'agit de Béatrix, femme de Guillaume de Malaspina, honorable protectrice que le poète appelle dans ses envois *Belh paragon* (*beau modèle*).

Il nous dit lui-même que cette dame mourut la dernière de tous les hauts personnages qui lui avaient témoigné un véritable intérêt. Mais, dans tous les cas, la mort de Raimond Bérenger donne une époque certaine, éloignée de cinquante-cinq ans environ de l'arrivée d'Aiméric chez Bergédan.

Beaucoup d'autres pièces produites dans les intervalles que laissèrent entre elles ces complaintes historiques, n'illustrèrent pas moins la longue carrière de ce poète.

C'est par l'amour, nous dit-il dans une de ses pièces, qu'il se plaît à commencer sa chanson, plutôt que par des peintures de toute autre science; car, sans l'amour, il ne saurait rien. Il est vrai que ce maître, avec de beaux semblants, lui a traîtreusement fait payer cher ses leçons; à la bouche d'abord il lui sut adoucir ce que depuis à son cœur il a rendu si amer; mais il ne cessera point d'aimer, car il lui reste du moins toujours l'espérance.

De fin 'amor comenza ma chansos,
Plus que non fai de null 'autra scienza,
Qu'eu no sabria nient s'amors no fos;
Et anc tan car no comprei conoissenza
C'ab bel semblan, aissi com fals traire,
Me vai doblan cascun jorn lo martire, etc....

Pièce commençant par *De fin amor*. Mss. de la Bibl. roy. 7226, fol. 93.
Mss. dit de Peiresc, chans. 97.

Cette pièce est adressée au roi d'Aragon.

Ce poète aime les comparaisons : malheureux dans son amour, tantôt il se compare au joueur qui croit d'abord pouvoir jouer sagement, et qui, se passionnant peu à peu, s'engage tellement, s'il vient à perdre, qu'il ne peut plus se retirer; c'est ainsi qu'il a fait en amour.

Atressi m pren com fai al jugador,
Qu'al comensar joga maistralmen
Al petit jog, pois s'escalfa perden, etc....

Pièce commençant par *Atressi m pren*. Mss. 7226, f. 91.
Mss. de Peiresc, ch. 99.

Tantôt il se compare au chasseur qui poursuit un lièvre, et voit un autre chasseur l'enlever devant lui.

Aissi com selh qu'a la lebre cassada
E pois la pert, e autre la rete;
Tot atressi es avengut a me....

Aissi com selh. Mss. 7226, fol. 90.
Mss. 7225, f. 149.

Il aime pour le plaisir d'autrui, semblable à l'oiseau de

XIII SIÈCLE.

bon naturel qui gazouille tristement dans sa cage, sachant bien qu'il est prisonnier et que son chant ne lui sert à rien.

Per solatz. Mss. 7226, f. 91. Mss. 7614, f. 78.

Per solatz d'autrui chant soven....
Si com l'auzels de bon aire
Que sab qu'es pres, e per so no s recre,
C'ades mon chant atretal es de me.

Il aime malgré lui tendrement une dame qu'amour lui a fait choisir parmi les plus belles; il eût mieux fait de porter son choix ailleurs, car mieux vaut gagner en argent que perdre en or; mais je fais en cela, dit-il, comme un sincère amant, je fuis mon bien et vais suivant mon mal.

Mas ieu o fatz a ley de fin aman,
Qu'ieu fug mon pro, e vauc seguen mon dan.

Ces deux dernières pièces sont adressées par un double envoi à Guillaume de Malaspina et à la comtesse Béatrix d'Est, sa femme; ce qui nous montre que le prétendu amour du poète n'est qu'une forme galante et convenable à l'usage du temps, pour dire des choses agréables aux deux époux.

Trois autres pièces de Péguilain sont pareillement adressées par de doubles envois à Guillaume de Malaspina et à Béatrix.

Mss. de la Bibl. roy. 7226, f. 87. Mss. dit de Peiresc, ch. 98.

Dans la première, commençant par ce vers : *En amor trob alques en que m refraing*, le troubadour se plaint de sa dame, qui refuse constamment d'accomplir ses promesses; et cependant il ne peut lui-même se détacher de l'amour; car s'il croit lui échapper, il suffit d'un regard pour le ressaisir et rallumer ses feux.

D'amar no m puosc partir, c'amor mi pren,
Que quan m'en cuit emblar, plus mi repren
Ab un esgard........................

Mss. de la Bibl. roy. 2701, ch. 148.

Dans la seconde, commençant par *Lonjamen m'a trebalhat*, il dit que l'amour l'a entièrement soumis, que la jalousie le tue, et qu'il est réduit à ne pas oser se plaindre, tant il craint de déplaire à sa dame.

La troisième de ces pièces est celle où le poète examine si, dans la poétique des troubadours, il y a une différence entre ce qu'ils nomment *un vers*, et ce qu'ils appellent *une chanson*.

Mantas vetz sui enqueritz
En cort, cossi VERS no fatz,
Per qu'ieu vuelh si 'apelatz,
E sia lurs lo chauzitz,
CHANSO o VERS aquest chan;
E respon als demandan
Qu'om non troba ni sap devezio
Mas sol lo nom entre VERS e CHANSO.

Mss. 7225, ch. 186.
Mss. 7226, f. 89.

Maintes fois je suis enquis
En cour, comment VERS je ne fais,
C'est pourquoi je veux que soit appelé,
Et soit à eux le choix,
Chanson ou vers ce chant;
Et je réponds aux demandants,
Qu'homme ne trouve ni ne sait division
Excepté seulement le nom entre vers et chanson.

Trad. de M. Rayn. voy. Choix, etc. t. II, p. 177 et suiv.

L'auteur termine sa pièce en lui disant dans le premier envoi : « Va, mon *chant*, vers le preux Guillaume de Malas- « pina ; demande-lui qu'il apprenne de toi les paroles et l'air, « soit qu'il veuille te prendre pour *vers* ou pour *chanson*.

Qu'el aprenda de te los motz e' l son,
Cals que s voilla per vers o per chanson.

Il dit dans le second envoi : « Dame Béatrix, de qui les louan- « ges sont dans la bouche des hommes les plus excellents, « avec vous (je dore) j'orne mon *vers* du nom de *chanson*.

Per qu'ieu ab vos dauri mon vers chanson.

Il semble suivre de ces derniers passages, qu'on traitait indistinctement dans *le vers* des sujets de divers genres, et que le nom de *chanson* se donnait plus particulièrement aux chants d'amour.

Nous avons déja fait remarquer cet usage fréquent des poètes, de prêter les formes d'une passion amoureuse et sans espoir, aux sentiments d'amitié, de respect, de dévouement, que leur inspirait une dame d'un haut rang ou d'une haute vertu; mais il est bon d'y revenir quelquefois, pour connaître pleinement les mœurs du treizième siècle, et les divers caractères des poésies érotiques des troubadours.

Nous venons de parler de la complainte inspirée à Péguilain par la mort de Guillaume de Malaspina. Nous avons dit qu'il eut encore, quelques années après, la douleur de voir mourir Béatrix d'Est, femme de ce seigneur. Le complainte qu'il composa sur cet événement, nous prouv

XIII SIÈCLE.

qu'il en fut réellement inconsolable (1). Nous ne voyons pas dans ce chant funèbre le désespoir de Rambaud de Vachères, à la mort de la femme dévouée à qui l'enchaînait une passion réciproque; ce sont les gémissements de l'amitié, c'est le sentiment déchirant de l'isolement d'un vieillard qui perd, à la fin de sa carrière, le dernier objet de ses plus chères affections.

De tot en tot. Mss. de la Bibl. roy. 7225, fol. 198. Rayn. Choix, t. III, p. 428.

« De jour en jour, elle m'a abandonné, cette joie même « qui m'était restée! Savez-vous bien pourquoi je suis ainsi « dans le désespoir? C'est à cause de la comtesse Béatrix, la « plus aimable, la plus estimable des femmes, morte aujour-« d'hui. Dieu! quelle cruelle séparation! Elle est si dure, si « intolérable; j'en éprouve une si grande douleur, que mon « cœur est prêt à s'arracher de mon sein quand j'y songe.

De tot en tot es ar de mi partitz
Aquelh eys joys que m'era remazutz.
Sabetz per que suy aissi esperdutz?
Per la bona comtessa Beatrix,
Per la gensor e per la plus valen
Qu'es mort' uei. Dieus! quan estran partimen!
Tan fer, tan dur, don ai tal dol ab me
Qu'ab pauc lo cor no m part quan m'en sove.

« Où est maintenant ce beau corps, si bien façonné, si « précieux, si cher aux hommes les plus distingués?...

On es aras sos belhs cors gen noiritz,
Que fos pels bos amatz e car tengutz?....

« Que sa conversation était gaie et choisie, son accueil « gracieux et prévenant, son langage pur et bien conçu! Que « ses réponses étaient aimables et faites pour plaire! Que « ses regards étaient doux et sagement riants, ses politesses « élevées et distinguées! De tous charmants attraits et de « beauté, elle possédait plus à elle seule, qu'aucune autre « femme du monde, j'en suis persuadé.

Qu'el sieus solatz era gays e chauzitz,
E l'aculhir de ben siatz vengutz,
E sos parlars fis et aperceubutz,
E'l respondre plazens et abelhitz,

Papon, Hist. de Prov. t. II, p. 316.

(1) Papon a été induit en erreur, quand il a cru que cette pièce se rapportait à la mort de Béatrix de Savoie, femme de Raimond Bérenger IV. Cette princesse ne mourut que vers l'an 1267.

E sos esgars dous un pauc en rizen,
E sos onrars plus onrats d'onramen!
De totz bos ayps avia mais ab se,
Qu'autra del mon e de beutat, so cre.

« Qui honorera et protégera comme elle l'homme de « talent? Qui appréciera comme elle les beaux ouvrages des « troubadours? Qui retirera plus noblement un indigent du « malaise? Qui goûtera et accueillera comme elle de belles « chansons? Qui composera comme elle de beaux airs et si « bien d'accord avec les paroles? Et qui connaîtra si bien « le véritable esprit de la galanterie? Dites-le moi, et dites- « moi comment et pourquoi cela était; quant à moi, je ne « le sais, et jamais mon cœur n'a vu rien de semblable.

Per cui er hom mais onratz e servitz?
Ni per cui er bos trobars entendutz?
Ni per cui er hom tan gent creubutz?
Ni per cui er belhs motz ris ni grazitz?
Ni per cui er belhs chans fagz d'avinen?
Ni per cui er domneys en son enten?
Digatz per cui, ni cum si, ni per que?
Ieu non o sai, ni mos cors non o ve.

En reconnaissant ici la finesse des pensées et l'élégance du langage où s'est élevé notre troubadour, le lecteur remarquera sans doute le portrait qu'il a tracé d'une dame accomplie des hauts rangs de la société du treizième siècle. Noble maintien, grace prévenante, accueil riant et réservé, pureté du langage, conversation spirituelle, instruction, finesse du tact, art de juger les vers et d'y adapter une musique expressive, générosité, bienfaisance, sagesse, vertu, voilà ce qu'exigeait le goût sévère d'un excellent troubadour. Les modèles d'une semblable réunion de qualités exquises durent être rares, comme le dit Péguilain, mais il s'en trouvait, et il faut sans doute accorder aux poètes l'honneur d'avoir amené la civilisation jusqu'à ce haut degré, du sein de l'ignorance et de la barbarie qu'ils voulaient dissiper par leurs chansons.

Mais de toutes les pièces d'Aiméric de Péguilain, la plus curieuse pour l'histoire de son temps, c'est sa complainte sur la mort de Raimond Bérenger IV. La princesse Marguerite, fille aînée de ce prince, ayant épousé Louis IX, roi de France, et Béatrix, la plus jeune, ayant été unie à Charles d'Anjou, frère de ce roi, ces deux mariages faisaient passer

XIII SIÈCLE.

la Provence inévitablement et pour toujours sous la puissance de la maison de France : c'est là ce qui excitait les regrets, pour ne pas dire la colère du poète. Il gémit à la fois sur la perte qu'il éprouve lui-même, par la mort de Raimond Bérenger, et sur le malheur public qu'il regarde comme une suite infaillible du mariage de Béatrix. « Dans la tristesse et « dans les pleurs, dit-il, je supporte malgré moi la vie, « puisque la mort ne veut pas m'en délivrer. Désormais ils « vivront dans la douleur les Provençaux ; car, au lieu d'un « bon seigneur, ils vont avoir un *sire*.

Ab marimenz angoissos. Mss. 7225, fol. 198, ch. 876.

Oimais viuran Provensals a dolor,
Car de valen seignor tornen en *sire*.

« Ah, Provençaux, en quelle grave désolation vous êtes « maintenant restés, et en quel déshonneur ! Divertisse- « ments, jeux, plaisirs, joie, rire, honneur, gaîté, sont « perdus pour vous, et vous êtes tombés dans les mains de « ceux de France. Mieux vous viendrait être tout à fait morts. « Et celui par qui vous pourriez être relevés, ne trouve en « vous ni loyauté ni confiance !

Ai, Provençals, er en grieu desconort
Etz remangut et en qual desonranza !
Perdutz avetz solatz, juec et deport,
Et etz vengut en ma de cel de Franza !
Meils vos vengra que fossiatz del tot mort.
E cel per qui pògratz esser estort
Non trob' en vos leutatz ni fianza (1).

« Hélas ! mal pourvus de seigneur et de fiefs (de seigneurs), « qui jamais ne vous bâtiront village, ni château fort, serfs « des Français, ni par droit ni à tort, vous n'oserez porter « écu ni lance.

Ai, mal astrucs de seigner e d'onranza,
Qu'us faran mais villa ni castel fort,
Sers dels Frances, que per dreg ni per tort,
No auzeretz portar escut ni lanza.

Nous avons déja rencontré plusieurs fois la preuve de cette répugnance pour le gouvernement des Français, qu'éprouvaient, à l'époque dont nous parlons, les habitants du midi de la Loire. L'idée de perdre leur nationalité, leurs lois, leur régime politique, leurs fêtes, leur langue, leur

(1) Apparemment le fils de Jacques Ier, roi d'Aragon, qui avait demandé la main de Béatrix.

musique, blessait des affections profondes, et portait quelquefois les esprits jusqu'à l'exagération. Pour reconnaître la cause de ce sentiment, qu'avaient aggravé les persécutions exercées contre les Albigeois, il faudrait peut-être remonter jusqu'aux guerres des Francs contre les Goths, ce qui est hors de notre sujet.

Quand Aiméric de Péguilain célébrait ainsi les hautes qualités de Raimond Bérenger et de Béatrix d'Est, il était plus que septuagénaire, et sa verve, comme on voit, n'avait rien perdu du feu de la jeunesse. Sa carrière avait été heureuse et brillante. A quelques étourderies de jeune homme, avait succédé une conduite sage et réglée. Il s'était acquis l'estime des princes dont il avait fréquenté les cours. On peut dire qu'Alphonse IX, roi de Castille, Pierre, roi d'Aragon, Raimond Bérenger IV, Guillaume de Malaspina, étaient devenus ses amis; il avait même acquis quelque fortune, comme nous l'apprennent les épigrammes de Figuières; ce qui nous montre que la profession de troubadour pouvait devenir lucrative, surtout lorsqu'elle était relevée, ce qui arrivait fréquemment, par des habitudes honorables. Si nous en croyons Nostradamus, il mourut chez une dame de Malaspina en 1260. Il est vraisemblable que cet écrivain commet ici une légère erreur, puisque le poète survécut à sa noble amie Béatrix d'Est, veuve du marquis Guillaume. Nous acceptons donc la tradition de Nostradamus, seulement comme approximative, et nous supposons la mort de ce poète arrivée vers l'an 1255, époque où il était âgé de plus de quatre-vingts ans.

Ce troubadour a joui, de son vivant et long-temps encore après sa mort, d'une grande célébrité. Pétrarque a fait mention de lui, dans des vers que nous devons répéter à l'occasion de chacun des troubadours qu'ils concernent. C'est dans le quatrième chant de son *Triomphe de l'Amour*, lorsqu'il peint, à la suite du char sur lequel est monté le jeune dieu, les poètes qui ont le plus dignement honoré son culte. Je vis, dit-il, Pindare, Anacréon, Virgile, Ovide, Tibulle; ensuite, parmi les nombreux troubadours, je vis à leur tête Arnaud Daniel, grand maître en amour, Rambaud, l'amant de Béatrix de Montferrat, Aiméric (de Péguilain), Bernard (de Ventadour)....

Amerigo, Bernardo, Ugo et Anselmo,
Et mille altri ne vidi a cui la lingua
Lancia e spada fu sempre, et scudo et elmo.

XIII SIÈCLE.

Matfre Ermengaud de Béziers, troubadour lui-même, qui florissait au commencement du quatorzième siècle, a inséré un grand nombre de fragments de ses poésies, dans son Recueil intitulé : *Le Bréviaire d'amour* (*Breviari d'amor*).

Il subsiste dans divers manuscrits cinquante pièces environ d'Aiméric de Péguilain. M. Raynouard en a publié six; plus, des fragments de huit autres, dont il a traduit plusieurs en français.

Mais une remarque plus importante doit nous occuper, au moment où nous terminons la série actuelle de l'histoire des troubadours, comme elle a frappé plusieurs auteurs des Histoires littéraires de l'Italie. La longue carrière d'Aiméric de Péguilain marque l'époque la plus brillante du règne de la langue des troubadours. Déja avant son arrivée en Italie, fait qui eut lieu en 1201, on y chantait les vers d'un grand nombre de troubadours languedociens et provençaux, et ils y étaient compris et goûtés, comme nous l'avons fait voir, non seulement des personnes d'un rang distingué, mais encore du peuple. Ces poètes étaient notamment Arnaud Daniel, « *le plus excellent fabricateur* dans sa langue « maternelle, dit le Dante, *meglior fabro del parlar ma-* « *terno;* » Arnaud Daniel, disons-nous, qui, suivant l'expression de Pétrarque, avait honoré son pays natal par un langage nouveau et brillant, *che alla sua terra ancor fa onor col suo dir nuovo e bello;* Arnaud de Mareuil, Pierre d'Auvergne, Rambaud d'Orange, Giraud de Borneil, Augier et beaucoup d'autres dont on avait recueilli les ouvrages.

Dante, il Purgatorio, cant. XXVI.
Pétrarcha, Triomf. d'Amor. cap. IV.

Sous le règne de Boniface III, dans le Montferrat; d'Azon VI, dans les domaines de la maison d'Est; d'Albert et de Guillaume de Malaspina, dans le duché de Massa, on y vit arriver, à peu près en même temps que Péguilain, Pierre Vidal, Cadenet, Guillaume Faidit, Rambaud de Vachères, Albert de Sisteron, Arnaud Catalan, Folquet de Romans, Jean d'Aubusson, Guillaume de la Tour, Hugues de Saint-Cyr, Aiméric de Bellenvei; et pendant la guerre des Albigeois, Guillaume Figuières, Bertrand d'Aurel, Lambert, Pavés, Pierre Brémond de Ricas Novas, Ralmentz Bistors, Rambeau de Beaujeu, et d'autres dont nous parlerons plus tard.

La langue et le chant des troubadours sympatnisaient trop bien avec les dispositions naturelles des peuples de l'Italie, pour qu'ils n'y trouvassent pas des imitateurs. Pendant les cinquante années du séjour de Péguilain dans ces contrées, s'élevèrent de toutes parts des poètes qui, charmés des productions de leurs hôtes, chantèrent dans la même langue, sur les mêmes rhythmes, et sur des sujets entièrement semblables, soit galants, satiriques ou politiques. Ce furent Albert de Malaspina, dans la *Lunegiana;* le marquis Lanza, à Milan; Nicoletto de Turin, de qui nous avons déja parlé; Barthélemy Zorgi, natif de Venise; Lanfranc Cigala, Boniface Calvo, Simon Doria, Jacques Grillo, tous originaires de Gênes; la dame Guillelma de' Rosieri, vraisemblablement de la même ville; Paul Lanfranc de Pistoie, d'autres disent de Pise; Sordel de Mantoue, comptés tous parmi les troubadours, et de qui nous parlerons dans le volume suivant. L'Italie, qui commençait à peine à pressentir le génie de sa langue nationale, semblait chercher à s'approprier celle des poètes aragonais, languedociens et provençaux, dont les éléments étaient les mêmes que ceux de la sienne propre. Et comment ne pas remarquer que c'est en ce moment même que se forme ce nouvel instrument donné au génie, cette langue douce, sonore, riche d'images, si heureusement disposée à s'unir avec la musique, la langue du Dante et de Pétrarque? Et comment douter aussi de l'influence qu'ont exercée sur cette heureure création, les prédécesseurs de ces deux poètes?

Le Bembo a parlé clairement de cette influence des troubadours sur l'Italie, et il ajoute : « Plus de cent poètes « provençaux se lisent encore aujourd'hui parmi nous; *che* « *piu di cento suoi poeti ancora si leggono.* »

Bembo, le Prose, lib. I, p. 20, ed. Venet. 1675.

Le Varchi dans son traité sur les langues, en forme de dialogue, intitulé *Ercolano,* se fait demander par son interlocuteur : *Ditemi di quante e quali lingue voi pensate che sia principalmente composta la Volgar?* Et il répond : *Di due, della Latina, e della Provenzale.*

B. Varchi, l'Ercolano. Ed. Firenze, 1730, in-4°, p. 206.

Le Tassoni, qui avait fait une étude particulière des ouvrages des troubadours, cite des passages recueillis dans des vers d'environ trente-six de ces poètes, comme des sources, soit de mots, soit de formes de la langue italienne (1).

Aless. Tassoni, Considerazioni sopra le rime di Fr. Petrarcha.

François Redi, dans ses notes sur son propre dithyrambe intitulé : *Bacco in Toscana,* a puisé des passages semblables dans plus de trente troubadours, et il s'explique à ce sujet

Franç. Redi, Bacco in Toscana, t. I, opp. p. 169, ed. Milan, 1809, in-8°.

(1) Aiméric de Péguilain est souvent cité dans ce travail.

en ces termes : *I quali (Trovatori provenzali) ne' tempi che fiorirono misero in così gran lustro e pregio la loro lingua, che ella era intesa e adoperata quasi da tutti coloro che professavano con le lettere gentilezza di cavalleria, e di corte, non solamente ne' paesi della Francia, ma altresì nella Germania, nel' Inghitelterra e nell' Italia.*

Enfin la langue italienne essaya son vol dans les poésies de Guittone d'Arezzo, de Guido Guinizzelli, de Guido Cavalcanti. Bientôt après, le Dante parut, et nul mieux que lui, parmi les auteurs italiens, si ce n'est Pétrarque, ne s'est plu à reconnaître l'influence que les troubadours ont exercée sur la langue et la poésie de son pays. On sait que ce poète rencontrant Arnaud Daniel, dans sa fiction du *Purgatoire*, écrit lui-même en huit vers provençaux, la prière que lui adresse ce patriarche des Muses provençales (1).

Ginguené, Hist. litt. d'Italie, ch. IX, t. II, p. 178; éd. Paris, 1811.

Dante, Purgator. cant. XXVI, éd. Artaud.

Tous ces faits ont paru à Crescimbeni si bien constatés, qu'en publiant sa traduction des *Vies des troubadours*, de Nostradamus, enrichie de ses notes, et faisant suite à son *Istoria della volgar poesia*, il a placé au frontispice ces mots relatifs à ces poëtes provençaux, *che furono Padri della detta poesia volgare.* E—D.

Crescim. Dell' Istoria della volg. poes. t. II.

(1) Une preuve que la langue des troubadours était non seulement familière aux écrivains italiens du treizième siècle, mais encore à toutes les personnes qui fréquentaient les cours, c'est que le Dante a écrit en provençal très-pur. Les vers dont nous parlons, ayant été défigurés jusqu'à devenir presque inintelligibles, par les copistes et ensuite par les éditeurs de la *Divina Commedia*, dans des temps où la langue provençale ne leur était presque plus connue, il a suffi à M. Raynouard, si profondément versé dans la connaissance de cette littérature, de rapprocher les différents manuscrits pour rétablir le langage du Dante dans sa correction primitive. « J'y suis parvenu, dit-il à ce sujet, sans aucun déplacement ni changement « de mots, par le simple choix des variantes. » On peut voir à ce sujet l'article qu'il a inséré dans le Journal des Savants (février 1830). M. Artaud, dans sa précieuse édition de la *Divina Commedia*, s'est conformé aux corrections de ce savant littérateur (Paris, 1830, *Purgat.* tom. III, p. 80).

ERRATA.

Page 41, ligne 3, au lieu de *et en*, lisez *et eu*.
P. 47, ligne 10, au lieu de *qu'eus*, lisez *que us*.
P. 51, ligne 27, au lieu de *ne fairai*, lisez *ne fairais*.

www.ingramcontent.com/pod-product-compliance
Lightning Source LLC
Chambersburg PA
CBHW052349090426
42739CB00011B/2365

* 9 7 8 2 0 1 2 7 5 4 1 2 6 *